PUHUA BOOKS

我
们
一
起
解
决
问
题

The Lean Mindset
Ask the Right Questions

产品开发
模式转型

从需求交付到价值交付

［美］ 玛丽·帕彭迪克（Mary Poppendieck） 著
汤姆·帕彭迪克（Tom Poppendieck）

徐毅 黄灵 译

人民邮电出版社
北 京

图书在版编目（CIP）数据

产品开发模式转型：从需求交付到价值交付 /（美）玛丽·帕彭迪克（Mary Poppendieck），（美）汤姆·帕彭迪克（Tom Poppendieck）著；徐毅，黄灵译. -- 北京：人民邮电出版社，2021.7
ISBN 978-7-115-53405-7

Ⅰ. ①产… Ⅱ. ①玛… ②汤… ③徐… ④黄… Ⅲ. ①产品开发－研究 Ⅳ. ①F273.2

中国版本图书馆CIP数据核字(2021)第096810号

内 容 提 要

随着软件开发技术的进步和市场环境的改变，产品开发模式发生了深刻的改变，列出一份需求清单然后按照清单编写代码的工作方式已经无法满足变化速度日益加快的用户需求。在这个创新产品频出并很快横扫市场的时代，产品开发组织必须找到更可行、更有效的产品开发模式及开发团队组织与管理方式。《产品开发模式转型》一书为解决这个问题提供了方向和方法上的指引。

本书共分为五章，分别以如何发现企业的使命、如何激发工作者、如何让客户满意、如何真正地提高效率、如何实现突破性创新为主题，通过案例和故事，介绍了产品开发组织及其成员应该掌握的理念、技巧和工具。书中提供了大量的敏捷及精益开发的实践案例，这些案例来自Spotify、爱立信、财捷、通用医疗、皮克斯、凯业必达和英特尔等不同行业中的知名企业。此外，作者还以对话点评的方式分享了自己的经验和心得。

本书适合从事软件及互联网产品开发及管理工作的人员，尤其是打算或正在将敏捷和精益原则及实践引入自己所在组织的产品经理或技术团队负责人阅读。

◆ 著　[美] 玛丽·帕彭迪克（Mary Poppendieck）
　　　　 汤姆·帕彭迪克（Tom Poppendieck）

　　 译　徐　毅　黄　灵

　　 责任编辑　陈　宏

　　 责任印制　胡　南

◆ 人民邮电出版社出版发行　　北京市丰台区成寿寺路 11 号
邮编 100164　　电子邮件 315@ptpress.com.cn
网址 https://www.ptpress.com.cn
大厂回族自治县聚鑫印刷有限责任公司印刷

◆ 开本：700×1000　1/16
印张：14　　　　　　　　　　2021 年 7 月第 1 版
字数：200 千字　　　　　　　2021 年 7 月河北第 1 次印刷
著作权合同登记号　图字：01-2021-0045 号

定　价：69.00 元
读者服务热线：（010）81055656　印装质量热线：（010）81055316
反盗版热线：（010）81055315
广告经营许可证：京东市监广登字20170147号

前　言

几年前，亨里克·尼伯格（Henrik Kniberg）邀请我们去斯德哥尔摩作客，一起聊天。他到火车站接我们，帮我们把行李箱送到附近的酒店，还邀请我们去他与其他 Crisp 顾问共用的办公室作客。他在办公室里向我们展示了他刚写完的《硝烟中的 Scrum 和 XP》（*Scrum and XP from the Trenches*），这本书描述了他早期尝试实践敏捷软件开发的故事。这给我们留下了非常深刻的印象。

后来，亨里克多次邀请我们造访斯德哥尔摩，一起组织了"深入精益"（Deep Lean）活动、"领导精益"（Leading Lean）研习会以及好几次社区演讲。我们还跟亨里克全家一起在斯德哥尔摩群岛垂钓，在梅拉伦湖（Lake Mälaren）泛舟，在他们位于湖畔的家中享受烧烤。我们两家甚至还会在新西兰偶遇，只因为我们都决定到那里去过圣诞节。

亨里克对精益的清晰认识和创新实践，在《精益开发实战》（*Lean from the Trenches*）一书中和他的博客上均有记载。我们喜欢亨里克通过草图来简化并澄清复杂概念的方式。事实上，相比之下，我们的书显得有点太过平淡。于是，我们就请亨里克帮忙略施点睛之笔，画些草图。我们确信你一定会喜欢的：角色奥托和安娜会穿插着出现在整本书中，而图表胜过万语千言。我们还为大家提供了一份额外礼物，在第四章末尾亨里克绘声绘色地讲述了 Spotify 如何开发产品的故事，请尽情享受吧。

亨里克，谢谢你！这本书因你的贡献而更精彩！

我们还要向特蕾莎·史密斯（Theresa Smith）和萨德·希尔（Thad Scheer）表达诚挚的谢意，他们创办的势力范围公司（Sphere of Influence）成功地转型成为一家软件设计工作室。本书第三章介绍了他们从敏捷走向设计的旅程。

我们非常感激来自美国俄勒冈州波特兰的英特尔产品开发工程团队的帕特里克·埃尔维（Patrick Elwer）和蒂姆·加拉格尔（Tim Gallagher），他们向我们讲述了他们持续追赶摩尔定律步伐的旅程。感谢马驰·林登（Mats Lindén）、亨里克·埃瑟（Hendrik Esser）、乌尔夫·汉森（Ulf Hansson）和米凯尔·凯曼（Micael Caiman）分享了爱立信应对通信行业重大市场挑战的方式。埃里克·普雷斯利（Eric Presley）是凯业必达公司（CareerBuilder）的首席技术官（Chief Technology Officer，CTO），他分享了他们公司的故事，我们欠他一个大人情。感谢 FINN.no 公司的首席执行官（Chief Executive Officer，CEO）克里斯蒂安·普林茨泽尔·霍尔沃森（Christian Printzell Halvorsen），我们难得地领略到了一家成功应对颠覆性技术的公司的风采。最后，感谢乔·贾斯蒂斯（Joe Justice）跟我们讲述WIKISPEED 的故事，他还向我们分享了如何与志愿者合作的理念。

评审员们翻阅了初期草稿并提供了很多改进意见，他们投入的时间和精力是造就优质图书的一大原因。特别鸣谢奥斯汀敏捷读书会成员们评审此书以及杰伊·保尔森（Jay Paulson）为了汇总反馈意见所付出的努力。我们还要感谢迈克尔·阿布高（Michael Abugow）、戈吉克·阿基奇（Gojko Adzic）、克里斯蒂安·贝克（Christian Beck）、塞缪尔·克雷森西奥（Samuel Crescêncio）、迈克·德怀尔（Mike Dwyer）、詹姆斯·格伦宁（James Grenning）、杰斯·亨布尔（Jez Humble）、卡斯滕·鲁森·雅各布森（Carsten Ruseng Jakobsen）、托莫·伦诺克斯（Tomo Lennox）、朱利恩·马兹卢姆（Julien Mazloum）、马修·麦卡洛（Matthew McCullough）、李·尼克尔斯（Lee Nicholls）、琳达·莱辛（Linda Rising）和巴斯·沃德（Bas Vodde）为这本书提出的宝贵建议。

　　最后，我们衷心地感谢编辑格雷格·多恩奇（Greg Doench）的指引，以及制作编辑伊丽莎白·瑞安（Elizabeth Ryan）、文字编辑芭芭拉·伍德（Barbara Wood）和索引员迪克·埃文斯（Dick Evans）所做出的贡献。再次感谢 Addison-Wesley 出版公司的卓越团队！

玛丽·帕彭迪克（Mary Poppendieck）和

汤姆·帕彭迪克（Tom Poppendieck）

于 2013 年 7 月

目 录

引言

在 20 世纪 90 年代，开源还是异类，易趣（eBay）还只是一家创业公司，大多数人都相信金融交易（至少其中重要的那些交易）必须要有值得信赖的公司来背书，而值得信赖的公司必须要有一个可以确保重要工作得以完成的管理架构。

刚刚听说 Linux 时，经济学家们出于直觉的第一反应是："这怎么可能？"[①]一款全靠志愿者开发和维护的极为复杂的操作系统，拿到企业里大范围推广使用的话，是否足够可靠？然而，时至今日，GNU 版 Linux 毫无疑问是世界上最成功的操作系统。从 2000 年起，Apache 的 HTTP Server 就一直支撑着 60% 以上的 Web 服务。全球约 65% 的电子邮件都是由 Sendmail 及其衍生版发出的。这些都是在没有使用传统管理架构或工作实践的情况下完成的。

易趣面临的窘境有所不同，它需要找到一种方法帮助本是陌生人的买

---

① 《网络空间中的社区》（*Communities in Cyberspace*）第 9 章《网络协作经济：网络空间的礼物和公共产品》（*The Economies of Online Cooperation: Gifts and Public Goods in Cyberspace*），作者：马克·史密斯（Marc Smith）和彼得·科洛克（Peter Kollock）。

家和卖家建立相互信任。这家公司设计了一个可以快速揭露恶行的评审分级体系。这个信用体系后来被广泛地借鉴和复制，它在减少 C2C 交易中的欺诈行为上的效果相当惊人，为大量的以信任为基础的业务铺平了道路。

　　处于成长期的互联网主要是科学家们在使用。他们将它发展成了一个能够支持其工作方式的工具，这个工具能帮助他们寻找信息、分享知识、开展协作并建立声誉。到了 20 世纪 90 年代中期，Web 可被商用化使用之时，它已经成为一个功能完善的研究工具，并推动着新人们跟科学家们一样使用相同的工作实践。因此，商用互联网的早期用户们偏好学术型工作模式也就不足为奇了。这种方式轻管理而重领域大师指引，轻效率而重试验，轻专有知识而强烈鼓励信息共享与多学科协作。

　　互联网的早期用户有很多是软件开发人员，他们很适应当时还颇为简陋的用户界面。一群开发人员以互联网为协作平台发起了一场运动，旨在改变软件开发领域通常进行的工作实践。他们试图复用互联网已经支持的学术实践，推行一种以客户为中心、以团队为基础的试验式工作方法。渐渐地，这些敏捷开发实践被更多的人认可，并演进成了一个可信的（甚至更优的）软件密集型产品开发方法。事实证明，将学术型学习方法用于创建创新型产品及服务的效果相当不错。

　　支持知识共享与协作的 Web 工具日趋成熟、易于使用，协同工作实践的 "变化弧线"（Arc of Change）[①] 与之保持着一致。就拿我即将上大学的大孙女卡伦（Karen）来说吧，她算得上是一个典型的 "数字化原住民"：10

---

① 2012 年 5 月 16 日，我们去波士顿参加精益软件和系统大会的时候，在哈佛大学法学院教授尤查·本科勒（Yochai Benkler）的主题演讲中，第一次听说了 "变化弧线" 这个词。对此也可参见《哈佛商业评论》（*Harvard Business Review*）2011 年 7-8 月合刊中尤查·本科勒的文章《无私的基因》（*The Unselfish Gene*）。

岁不到就已经学会了上网冲浪；12 岁就习惯了用 Facebook 分享自己的想法；用文本信息流与别人聊天已经多年。过不了多久，如果哪家公司还要招人，就只能用卡伦这种类型的大学毕业生了。

"数字化原住民"一直都浸淫在这样的环境中：知识唾手可得，同事们即想即找到。他们知道怎样利用这种环境的优势，并期待在工作场所中也能如此。他们期待轻松、透明地获取信息，他们期待与各种各样的人协作，他们期待随时随地接近自己的同事关系网，他们很可能并没有刻意地区分工作和生活中的各种活动，他们当然还希望自己是被别人信任的。

当然，我不是要求组织去盲目地迎合新生代成员们的期待。但事实证明，学术型工作模式确实是一个良好的模型，它能让各个年龄层的知识工作者都有上佳的表现。新生代热衷之物确实管用，而且适用于所有人。

这是一本关于如何设计、开发并交付卓越产品及服务的书。因此，这也是一本关于如何创造工作环境的书。在那种环境中，卡伦和她的同事们可以很方便地利用不断增加的知识和多重视角，创造并推出非凡的产品及服务。这是一本关于学习的书，读者将学会如何了解客户并创造他们喜爱的体验。这是一本关于发现的书，读者将学会发现如何最有效地开发和交付这些体验。最后，这也是一本关于如何培育在瞬息万变的世界中生存所需洞察力和适应能力的书。

精益是一种思维方式

精益是一种思维方式，是一种关于世界如何运转的心智模型。在这本书中，我们会介绍一种关于如何设计并交付惊艳产品好让客户满意的心智模型。我们先从两个基础问题开始：**企业的使命是什么？履行该使命的最佳工作体系是什么样的？**接着，我们需要探寻创建合适的环境以激发人们动力的方法，他们的智慧与创造力是创造伟大产品所必不可少的。然后，我们需要关注那些用来创造好用的且客户满意的产品及服务的流程。然后，我们会探讨效率，毕竟这是一本讲精益的书，而精益一直都跟效率联系在一起。我们将会证明，在产品开发工作中，只有开发正确的产品、创建稳定的新知识流、连通设计与交付流程以快速获取客户反馈，才能真正地提高效率。最后，我们会谈创新，探讨如何通过转换关注点来创造伟大的产品：从生产力到影响效果，从可预测性到试验，从效率到分权，从产品到问题。

经由研究成果和案例学习，本书建立了一种关于精益设计与开发应该是何种观感的心智模型，以便在创建产品及服务的组织中培育精益思维方式。本书中的案例学习不是用来模仿的，而是用来吸收的，因为形成思维方式并不是复制已有的实践，而是发展提出正确的问题、解决真正的问题以及在当前形势下做正确的事情的能力。

大脑是如何工作的

人类的头脑颇让人惊奇。虽然看起来我们是在深思熟虑之后有意识地做出决定的，但相关研究显示，我们在大多数时候都是基于长时间以来所形成的思维方式而本能地做出决定的。就好像我们有两副头脑一样，其中一副负责形成思维方式并持续地修正它，另一副则负责根据当前的思维方式权衡现状并快速地做出响应。

人类的头脑有两个截然不同的决策流程，这并不是什么新观点，有很多文献用不同的名称来称呼它们：一个是直觉型的，另一个是分析型的；一个是感性的，另一个是理性的；一个是反身，另一个是反思[①]；一个寻找模式，另一个遵守规则；一个应对隐性知识，另一个则偏好明确信息；一个负责快速决策，另一个则需要花时间把事情想透彻。

心理学家基思·斯坦诺维奇（Keith Stanovich）和理查德·韦斯特（Richard West）提议将有关人类拥有两副头脑的不同理论合并成一个理论，即双加工理论[②]。该理论认为，人类拥有两种不同的信息加工方式，它们彼此独立地运作，只在合适的时间点交换信息。有时候，两套流程会得出不同的结论；直到那时，我们才会意识到自己有两副头脑这一事实，因为它们确实是相互冲突的。

为了避免因偏见而使用特定的方式来描述这两副头脑，斯坦诺维奇和韦斯特提议我们简单点，直接称它们为系统一和系统二。

系统一和系统二

诺贝尔经济学奖获得者丹尼尔·卡尼曼（Daniel Kahneman）的著作《思考，快与慢》（*Thinking, Fast and Slow*）对系统一和系统二的介绍非常棒。卡尼曼把系统一描述为快速思考的自我，它根据直觉做决定、受情绪影响、使用隐性知识、出于习惯而运转。如果你也曾在辛苦工作一天后回

[①] 反身（Reflexive）大意为：在事件发生当时换位思考自身行为的因果关系；反思（Reflective）大意为：在事件发生之后回忆和评价已发生的过去。——译者注

[②] 参见基思·斯坦诺维奇的《谁是理性的——个体推理差异研究》（*Who Is Rational? Studies of Individual Differences in Reasoning*）以及基思·斯坦诺维奇和理查德·韦斯特合写的文章《推理中的个体差异：理性辩论的意义》（*Individual Differences in Reasoning: Implications for the Rationality Debate*），该发表于《行为与脑科学》（*Behavioral and Brain Sciences*）2000 年第 23 期。

到家中，却不记得具体是怎么走回去的，就可以肯定是系统一在你分心别处时凭借一己之力把你带回了家。在处理日常生活事务方面，系统一做得最好，我们可以把它视为我们的自动驾驶模式。

系统二是负责分析状况、思考备选方案、规划未来和进行数学计算的那个自我。每次我们停下来仔细思考某些事情的时候，就像从自动驾驶模式切换到了手动模式，我们的分析头脑接替直觉并做出理性的选择。虽然大多数时候系统二并不会主动指挥我们，但它会定期检查系统一的情况，看看是否需要介入。在我们尚未做出决定，仍在绘制决策树以确保考虑到所有备选方案的时候，系统二掌控着一切。当我们愤怒但仍能保持冷静而又彬彬有礼的时候，系统二一直在检查系统一的状态。

总体来说，我们运转在自动驾驶模式下。如果出现了非正常情况，我们就会结束自动驾驶模式，切入手动模式。只有在手动模式下，我们才会发展或修订思维模式。我们需要在手动模式下花费大量的时间跟系统二紧密相处，只有这样才能转变已经成型的思维模式。但问题在于，系统二非常慢。相比于系统一，系统二需要花费更多的时间才能做出决定、完成任务。此外，系统二还很懒，它的首选方法是把工作尽可能多地交给系统一去处理。所以，转变思维模式必须付出艰苦的努力，投入大量的时间，比如花时间读一本书。

接下来，我们想向你介绍奥托（Otto）和安娜（Anna）。

奥托代表系统一头脑，他在大多数时候都处于自动驾驶模式。不管发生什么事情，他都能凭借直觉快速地采取行动，迅速地调整以做出响应。他在自己的专长领域内拥有丰富的经验，他会放心地让他的专业能力和直觉来指引行动。

安娜代表系统二头脑，她会先分析情况再采取行动。她认为基于证据做出的决定才是最佳决定。她擅长收集数据、运行试验，然后综合考虑不同选择的影响，最后做出决定。

奥托和安娜都很有主见。他们会陪着你一起阅读这本书，频繁提问并挑战我们的想法。我们把自己跟奥托和安娜的对话放在专栏里，这样你就可以跟你最喜欢的共读者一起阅读本书了。

精益的"面料"

精益原则被织入这本书中，贯穿始终。同样的道理，它们也必须被织入具备精益思维方式的组织的面料之中。

本书第一章"企业的使命"强调了**全局优化**的原则，并指出股东价值论是造成短视思维的原因。替代方案是**关注客户**，客户忠诚度可以用来判断企业长期的成败。企业领袖拥有清晰的愿景并明白自己的客户是谁是一回事，让工作体系服务好这些客户则是另外一回事。说到底，公司里面的基层工作者们才是真正创造或破坏客户体验的人。

事实证明，股东价值论背后的"理性"思维极大地影响了对待工作者的方式。这一切都可以归结为道格拉斯·麦格雷戈（Douglas McGregor）的 X 理论和 Y 理论。X 理论认为，人们不喜欢工作，还会尽可能地逃避工作。Y 理论则相反，该理论认为，大多数人都渴望工作，并想把工作做好。**激发工作者**这一精益原则是完全基于 Y 理论的，它假设工作者是关心他们的公司及其客户的，这将成为一个自证预言。互惠原则在此生效，如果你善待工作者，他们就会善待客户，而客户则会以业绩的形式回报公司。

在货币被发明出来之前，互惠就是人类合作的基础，直到今天它仍是人类行为的核心。然而，互惠是地域性的。它取决于群体（或团队）的规模、团队成员的投入程度以及创建和强化共同责任时所需的规则。在设计可以**激发工作者**并帮助他们**关注客户**的工作体系时，要善用同侪的力量而非奖金去引导正确的行为。

第二章"斗志昂扬的工作者"以米哈里·契克森米哈赖（Mihaly Csik-szentmihalyi）的成果为基础，他发现大多数激励人心的经历都来自应对某个恰当挑战的过程。被激发的工作者都有一个超越公司层面的使命，也看得见自己的付出与达成此使命之间的直接联系。他们试图通过对技能和专长要求更高的、极具挑战性的工作，逼迫自己发挥全部潜力。他们在恰当的挑战中不断成长，这种挑战既不能太容易以至于让人感到乏味，也不能太困难以至于让人感到灰心；这种挑战要么志向高远，要么职责重大——这取决于"调节匹配"的情况，但一定要吸引人。

调节匹配理论认为，有些人（以及一些公司，如创业公司）更偏好行动和试验，他们能够很好地应对志向型挑战。其他人（以及一些公司，如大型公司）喜欢安全多过道歉，侧重于职责和错误预防的挑战更能让他们感到振奋。无论如何，提供与人员和具体形势相匹配的挑战都是激发工作者的最佳方式之一。

精益环境中最重要的挑战之一是**持续改进**。不管是通过长远的计划来改进产品开发实践，还是通过持续的缺陷注入实践来打磨紧急响应能力，都要努力做到不断加强团队融合并发挥人们的最佳状态。

第三章"满意的客户"鼓励读者**关注客户**，理解他们的真正需求，确保开发正确的产品及服务。这是走向**消除浪费**的第一步，对软件开发来说尤其如此，因为构建错误的东西就是最大的浪费。

有些产品本身就代表了极大的技术挑战，如发明飞机或者找出大型数据管理系统里的奇怪问题。其他一些产品则需要精妙的设计才能真正解决客户的问题。在埋头开发之前，做到**学习为先**是很重要的，要先摸清楚关键的系统问题和客户难题，再下手解决。

在开发产品时，拥有超出客户要求的视野是很重要的，因为只是照着需求列表干活是不大可能创造出客户**喜爱**的产品的。相反，一些领袖人物明白，一款只设计好了软硬件却没有设计好客户体验的产品是不算完成的。例如，通用医疗的道格·迪茨（Doug Dietz）在亲眼见过被核磁共振成像扫描仪吓坏的小孩之后，就懂得了这个道理。

设计出伟大产品的团队都做到了面对客户时感同身受、问正确的问题、找到关键问题、探讨多种可能性，进而开发出了让客户满意的产品和服务。

第四章"真正的效率"开篇就强调，真实且可持续的效率**并不意味着**裁员、低成本及控制式工作体系。开发只是产品生命周期的一小部分，但它对产品成败的影响极大。在开发上投机取巧，最终只会导致要么成本高昂，要么产品不尽如人意，这样做是很愚蠢的。那些选择**全局优化**的人们认为，在产品开发中，提高效率的首要原则就是构建正确的东西。

爱立信的两个案例研究表明，小批量、快速流动、自主特性团队加上市场拉动能够显著地提高大型产品的可预测性，缩短上市时间。我们可以从中发现**关注客户**、**快速交付**、**激发工作者**和**内建质量**等精益原则所发挥的效用。

凯业必达的案例研究进一步强调，专注于**快速交付**原则将引出其他所有的精益原则，特别是**内建质量**和**关注客户**。学习过精益创业法便知，产品团队进行持续试验能快速地重塑新产品的商业模式，并发掘其最重要的特性。精益原则**全局优化**、**快速交付**、**持续改进**在案例中的作用体现得尤为明显。

最后，关于 Spotify 如何开发产品的讨论再次总结了大多数的精益原则，特别强调了以客户为中心、数据驱动的试验、赋能的团队和快速反馈。

第五章"突破性创新"以一个警世故事开篇，阐述了企业的脆弱性，就算是报纸这种简单的业务也会在近乎一夜之间就失去其主要收入来源。不过，颠覆性技术通常都不会那么快地改变事物；现实情况往往是受到威胁的企业对其视而不见，直到为时已晚。一个行业接着一个行业都出现了这种现有公司被颠覆性创新打得毫无招架之力的情况，为什么会这样呢？

看起来，造成这个问题的原因是：企业过于关注眼前的运营，甚至可能是过于关注**消除浪费**这一精益原则，以至于不够关注大局，即没有做好**全局优化**；过于关注为现有客户增加功能，而不够关注那些要求更低价格、更少功能的潜在客户；过于关注可预测性，而不够关注试验；过于关注生产力，而不够关注影响效果；过于关注集权的效率，而对分权所带来的弹性理解不足。

精益组织懂得，真正的知识存在于工作完成的地方，存在于产品开发团队，存在于跟问题纠缠的客户。关于哈曼（Harman）、财捷（Intuit）和通用医疗的多个案例研究展示了精益原则**关注客户**、**激发工作者**、**学习为先**和**快速交付**帮助企业实现突破性创新，避免被别人用颠覆性创新打个措手不及的故事。

培养精益思维方式与培养专长相似，也是一个需要投入时间和刻苦练习的过程。不管你有多"懂"书中的理念，在日常工作中实际运用时，你仍然需要花时间尝试这些理念、做试验、犯错和学习。

培养精益思维是一段持续的旅程，在组织中更是如此。我们希望这本书能够帮助你在这段旅程中迈出新的一步。

第一章

企业的使命

THE LEAN MINDSET
ASK THE RIGHT QUESTIONS

理性经济的崛起

1950 年，乔治·默克（George Merck）从制药巨头默克公司（Merck & Co.）总裁的位置上退休，他将自己的成功哲学总结如下：

> 我们绝不能忘记，药品是为了病人，而非为了利润，利润是随之而来的。只要我们能记住这一点，就绝不会见不到利润。我们记得越清楚，利润就越可观[①]。

企业的使命就是服务客户，这种思想在当时已被广泛接受。第二次世界大战刚刚结束，大量士兵返乡，带来了婴儿潮，也带动了商业繁荣。历经多年战乱之后，市场需求高涨、百废待兴，企业急于向不断增长的人口供应新产品。在这种情况下，经济发展只有一个结果，那就是增长。

但如果我们快进 25 年，来到 1975 年，就会发现市场商机已不再充沛。经历战争的那一代人即将退休，新生代商业领袖们将面临更缓慢的增长、

[①] 《基业长青：企业永续经营的准则》（*Built to Last: Successful Habits of Visionary Companies*），作者：吉姆·柯林斯（Jim Collins）和杰里·波勒斯（Jerry Porras）。

更广泛的竞争以及大萧条和战时困难时期记忆的不断衰退。新生代商业领袖们觉得，公司应持有现金并关照其员工的传统智慧已经有些过时了。

1974 年，20 世纪的顶尖管理思想家之一彼得·德鲁克（Peter Drucker）发表了具有划时代意义的管理学著作 ①。他认为，企业的使命是创造客户、发现客户需求并找到办法满足其需求。然而，企业越来越大、越来越复杂，经济出现了滞涨，这些都让经理们头疼。他们当然也想创造新客户，但这很难。

就在此时，一种极具诱惑力的新理念走上了舞台，它看起来更具可操作性，也更适合增长放缓的经济形势。该理念主张职业经理人是企业所有者（股东）的代理人 ②。作为代理人，经理人替企业所有者做出决策，但他们很可能跟所有代理人一样也是效用最大化者（关注如何将个人收获最大化）。因此，很可能会出现公司高层管理者以股东利益为代价谋求自身利益最大化的情况。防止这种利益冲突只有一个办法，那就是让高层管理者担责，确保股东得到最佳投资回报。这个新理念可以简单地表述为：**企业的使命就是实现股东价值最大化**。

当时，人们普遍信任市场自身的智慧和效率，这使得股东价值论看起来很有诱惑力 ③。让市场来决定一位 CEO 的工作做得好不好，貌似就是确保企业领导者为企业争取最佳权益的显而易见的方式。

---

① 《管理：使命、责任、实践》（*Management: Tasks, Responsibilities, Practices*），作者：彼得·德鲁克。

② 《金融经济学杂志》（*Journal of Financial Economics*）1976 年 10 月刊文章《企业理论：管理行为、代理成本与所有权结构》（*Theory of the Firm: Managerial Behavior, Agency Costs and Ownership Structure*），作者：迈克尔·詹森（Michael Jensen）和威廉·梅克林（William Meckling）。

③ 《哈佛商业评论》2009 年 8 月刊文章《别再说股东优先》（*Shareholders First? Not So Fast*），作者：杰弗里·普费弗（Jeffrey Pfeffer）。

股东价值论对商业实践的影响不容忽视，在美国尤其如此。为了提升股东价值（或者其代表物——股价），公司的策略从"保留和投资"转向了"精简和分发"[1]。公司不再将资金投入到人员和研究中，而是将工作外包、将利润分给股东。CEO 的薪酬福利被越来越紧密地跟股价联系起来，以保证他们适当地聚焦。

这些策略提升了短期的利润，却给公司带来了长期的麻烦。不仅大量的工作职位消失了，这些工作所蕴藏的技能也丢失了。经历了 10 年的生产外包之后，很多公司发现它们再也没有能力设计、制造复杂的技术产品并做大规模推广了，工程类的工作也随之消失了[2]。当然，成本的确降低了，但随着时间的流逝，创新趋于停滞，销售萎靡不振，股价摇摇欲坠。

股东价值论在实践中有效吗？简单来说，恐怕没有。多伦多大学的罗杰·马丁（Roger Martin）指出，股东投资回报率从 1976 年起就再没提高过，没跌就已经不错了[3]。

但对 CEO 来说，这套理论却非常好用，尤其是在美国。1976 年，美国 CEO 的收入是工人平均收入的 36 倍；到了 1993 年，这个倍数变成了 131 倍；到了 2010 年，CEO 的收入超过了工人平均收入的 369 倍[4]。

数年来，哈佛商学院的罗莎贝思·莫斯·坎特（Rosabeth Moss Kanter）

[1] 《哈佛商业评论》2012 年 7-8 月合刊文章《股东做不到》（*What Good Are Shareholders?*），作者：贾斯廷·福克斯（Justin Fox）和杰伊·洛尔施（Jay Lorsch）。

[2] 《彭博商业周刊》（*Bloomburg Business Week*）2010 年 7 月 1 日刊文章《安迪·格鲁夫：美国如何创造就业机会》（*Andy Grove: How America Can Create Jobs*），作者：安迪·格鲁夫（Andy Grove）。

[3] 《哈佛商业评论》2010 年 1-2 月合刊文章《客户资本主义时代》（*The Age of Customer Capitalism*），作者：罗杰·马丁（多伦多大学罗特曼管理学院院长）。

[4] 《怪诞行为学》（*Predictably Irrational: The Hidden Forces That Shape Our Decisions*），作者：丹·艾瑞里（Dan Ariely）。

一直在研究那些真正成功的公司以及它们是如何思考的。她将自己的发现
总结为：

> 传统上，经济学家和金融学家都认为企业的唯一使命就是赚钱，
> 越多越好。它非常轻松地限缩了视野，深深地嵌入了美国的资本主义
> 制度，塑造了大多数企业的行为模式，限制它们只关注短期利润的最
> 大化并予以股东回报……
>
> 伟大的公司则不将组织流程视为榨取更多经济价值的手段，它们
> 创造了以社会价值和人类价值为决策标准的框架。它们认为企业是有
> 使命的，并以多种形式满足股东所需：提供可改善用户生活的产品及
> 服务；提供工作机会并提高劳动者的生活质量；发展强大的供应商和
> 业务合作伙伴网络；保障财务可行性以便为改进、创新和回报投资者
> 提供资源[1]。

安娜：为什么不专注于实现**长期**股东价值最大化呢？

作者（玛丽和汤姆）：在 2009 年的一次采访中，杰克·韦
尔奇（Jack Welch）说："从表面上看，股东价值是世界上最愚
蠢的想法。股东价值是结果，而不是策略……你的主要支持力量来自你的员
工、客户和产品[2]。"换句话说，最好的方式是根本不要操心什么股东价值，

---

① 《哈佛商业评论》2011 年 11 月刊文章《伟大的公司如何进行与众不同的思考》(*How Great Companies Think Differently*)，作者：罗莎贝思·莫斯·坎特。经许可使用。

② 《金融时报》(*Financial Times*) 2009 年 3 月 12 日刊文章《韦尔奇谴责只关注股价的做法》(*Welch Condemns Share Price Focus*)。

而要关注创造斗志昂扬的员工、满意的客户和突破性的创新。只要做得对，久而久之，股东价值自然会增加。

科技的年代

再次快进四分之一个世纪，来到 2000 年，我们可以发现新一代的技术狂热型领导者，他们的公司制定了眼下我们搜索、购物、跟朋友联络的规则，并把互联网放到了我们的口袋里。他们可没觉得自己应该遵循 20 世纪的规范。相反，他们重新发现了我们曾经知道的某些东西：**使命为主，利润为仆**。

让我们来看看这些快速增长的互联网公司都在关注什么：它们痴迷于为它们的消费者和社区提供卓越的体验。它们专注于创建一种文化，让高才智员工们对工作充满激情并全身心地投入以交付独特的价值。这些公司在其首次公开募股（Initial Public Offerings，IPO）文件中明确提出，它们并不打算专注于为股东挣钱。

比如，亚马逊公司就曾警示其投资者，它计划着眼于长线决策，寻求短期利润的投资者最好去别处找机会。它的战略是不遗余力地关注客户、聘请高才智员工并承担重大风险——其中一些甚至注定会失败。

谷歌公司也警示潜在股东们，它将长期专注于履行其使命，即整合全球信息、使人人皆可访问并从中受益。谷歌公司的埃里克·施密特（Eric Schmidt）如此评论：

苹果公司已经证明，只要围绕着消费者进行组织，其他的一切都会随之而来。这是我在加入谷歌公司之前尚不能理解的。谷歌公司的运作方式与之相似：努力地揣摩如何解决消费者的问题，收入就会随之出现[1]。

Facebook 在其 IPO 文件中写道："简单来说，我们不是为了赚钱而构建服务，我们赚钱是为了构建更好的服务。"

奥托：当德鲁克说企业的使命是创造客户的时候，他想表达什么？怎么创造客户呢？

作者：德鲁克建议商界领袖们先问一个问题：**我们的业务是什么**？回答这个问题的方式是提出另一个问题：**我们的客户是谁**？这是一个关键问题，而且从来都不好回答。但是，一旦公司决定了要服务哪些人，就必须形成对这些客户的生活、需要、现实和价值观的深刻理解。接着，还必须实现创新的工作体系，使员工们能够交付客户认为有价值的产品及服务以满足其需求[2]。

案例：我们的客户是谁

托德·帕克（Todd Park）毕业于哈佛大学，主修经济学，后来他加入

---

[1] 来自 2011 年 9 月 5 日马克·贝尼奥夫（Marc Benioff）和埃里克·施密特在 Dreamforce 2011 上的演讲。

[2]《管理：使命、责任、实践》，作者：彼得·德鲁克。

了博思艾伦咨询公司（Booz Allen Hamilton）的管理式医疗战略实践部，他在这里遇见了乔纳森·布什（Jonathan Bush）。他俩觉得自己打心底里就是企业家，所以在1997年共同创办了一家名为 Athenahealth 的产妇护理公司。他们坚信自己知道怎么用更少的钱提供更好的护理服务。说他们公司起步缓慢都已经算是太过抬举了。这两位健康护理顾问发现自己的生意头脑不如想象中的那么棒，运营一家诊所的繁杂事务非常折磨人。

　　过了一段时间，帕克和布什终于学会了怎样成功地经营一家健康护理公司。接着，他们开始问自己谁是真正的客户以及这些客户需要什么。通过折腾自家诊所的信息系统，他们意识到客户应该就是跟他们一样经营健康护理公司的人们。凭借自身经验，他们很清楚这些客户需要些什么，因此他们让 Athenahealth 公司摇身一变，从产科诊所变成了基于互联网的医疗实践管理企业。合伙人为他们的新产品找到了一个现成的市场，公司飞速地成长起来。10年辛苦付出换来了2007年极其成功的 IPO[1]。

第二幕：我们的业务是什么

　　35岁时，帕克自认为已经攒够了钱，可以退休回家享受时光、组建家庭了。他把公司交给布什管理，并从波士顿搬到加利福尼亚州居住。但只过了不到两年的时间，正在享受婴儿在脚边爬来爬去的快乐时光的帕克接到了美国卫生及公共服务部（United States Department of Health and Human Services，HHS）副部长比

---

[1]　Athenahealth 公司于2007年 IPO，估值"近10亿美元"。

尔·科尔（Bill Corr）的电话。科尔邀请帕克以入驻企业家（Entrepreneur in Residence）的身份加入 HHS。帕克最不需要的就是政府职务，而华盛顿特区正是他夫人最不感兴趣的地方。在经济方面没有任何理由足以让帕克仅凭盲目信任就投入身家财产，并违背家人意愿搬到东部居住，但他被 HHS 的宗旨深深地吸引：**增进美国人民的健康、安全与福祉**。最终，他接受了这份工作，就像一个肩负着使命的人那样，一头扎了进去，这是因为他想抓紧时间实现 HHS 的企业化，然后他就可以回去继续享受退休生活了。

如果说托德·帕克在 Athenahealth 公司学到了什么，那就是要先问清楚**我们的业务是什么**。对自称"数据狂"的帕克来说，HHS 数据库里面的数据之丰富让他大开眼界，他难以想象开放这些数据供公众访问将产生什么样的威力。幸运的是，当时已经有过向公众开放政府数据的先例。数十年前，美国国家海洋和大气管理局决定开放其数据，供公众方便且广泛地访问。在此基础上，不计其数的从事天气预报和跟踪业务的公司出现了。帕克觉得这是一个可以借鉴的好模式，他决定让 HHS 也这么做，开放其数据库供公众访问。他开始着手建立 HHS 的数据平台，供创新者们开发应用程序。

帕克的工作是将创业精神引入 HHS 的巨型官僚机构。回想起自己的创业岁月，他回忆道："在区分最佳企业家、最佳创业团队成员和那些平庸之辈时，有 种特质一直非常有效，那就是他们不是为了股票期权，也不是为了名气，而是迫不及待地想让世人拥有他们构建的东西。正是这种意义深远的**使命导向**让他们做出了有用的东西[1]。"

那么，如何才能将使命导向引入官僚机构呢？事实上，这可能并没有

---

[1] 来自 TechCrunch Disrupt 2012 大会演讲。

你想象中的那么困难。帕克发现，在 HHS 里有很多全身心投入、使命导向的人，他们渴望投身于旨在增进美国人民健康、安全和福祉的项目并为之奋斗。"关键是要找出一个值得推进的、有特色的创意或倡议"，托德·帕克说，"所以我做的第一件事就是从 HHS 里找出那么三到五个人，他们早就有了好的创意并为之着迷，他们懂的比我多得多，还拥有关系、数据、资源和人手。接下来，我招募他们加入一家虚拟创业公司，实现这些创意就行了[①]。"这些灵活的跨职能团队选用了第四章介绍的精益创业技巧，以一种最终期限极短的、高度迭代的方式开展工作[②]。他们很快就推出了好几个 HHS 数据集供公众访问，平台也逐渐具备雏形。

但还有一个问题。尽管数据已经"被解放"了，但在 HHS 之外却很少有人知道这件事，缺少应用的平台可没什么用。因此，帕克必须再一次创造客户。他凭借自己在政界和业界积累的关系，把健康护理行业的专家和分析使用大数据的高手这两组之前从不见面的人聚在一起开会。这群人通过头脑风暴探讨如何使用 HHS 数据，构思了很多可能的应用。帕克向与会者们发起了一个挑战：你们能否在 90 天内将这些创意变成应用程序并上线运行？

3 个月后，2010 年 6 月，首届"健康数据峰会"展出了正在开发中的应用程序。其中有几个是已经投入使用的真正的产品，已经有了可行的商业模式为其发展提供资金。例如，流行应用 iTriage 的首个版本就是在 90 天

---

① 《大西洋月刊》(*Atlantic*) 2011 年 6 月刊文章《托德·帕克能彻底改变医疗保健行业吗》(*Can Todd Park Revolutionize the Health Care Industry?*)，作者：西蒙·欧文斯 (Simon Owens)。

② 出自布琳·凯普恩 (Brynn Koeppen) 的采访文章《托德·帕克谈创业、移动性和健康数据峰会》(*Todd Park on Entrepreneurship, Mobility and 'Health Datapalooza'*)，发表于 2012 年 1 月 4 日出版的《高管应知、信息技术、移动性和小企业》(*Execs to Know, Information Tech, Mobility, Small Business*)。

内完成并在这场峰会上展示的，它可以给从症状到医生再到药品的一切做编目。通过提供启动新业务所需的数据和公开性，托德·帕克为 HHS 数据平台创造了客户——那些渴望着开发应用程序的创业公司。

数据平台的普及吸引了更多的 HHS 内部开发者加入"数据解放"团队，平台也不断地扩大。第二届数据峰会于 2011 年 6 月举办。有人提出以 TED 演讲的方式来介绍使用 HHS 数据的那些有用的应用程序，结果人们提交的话题多到得用美国偶像（*American Idol*）式的选秀流程才能选出前 50 名。良性循环开始加速。第三届数据峰会于 2012 年 6 月举行，会议持续了 2 天，吸引了 1 600 人参会。以 HHS 数据平台为中心，一个充满活力的生态系统已然成形。帕克在会上发表了主题演讲，他骄傲地宣布，数据平台的进展已经"失去控制"。但在那个时候，他已经不在 HHS 工作了，他刚刚被要求为整个联邦政府施展相同的魔法。他已然成了美国的 CTO。

想想吧，托德·帕克用 3 年时间创建了一个自维持平台，这个平台成了众多新业务的根基，同时还激励了 HHS 的内部创业团队。他将不同领域的专家聚集起来并将他们全部转变成客户，因为他理解健康护理，理解数据，也理解最适合 HHS 参与的业务就是通过公共平台开放其数据，以供公众访问。托德·帕克激发了人们的想象力，并赋予人们行事的权限，而不是去制订计划、编写需求建议书（Request for Proposal，RFP）。

安娜：很难明白 HHS 是怎么找到资源来完成这一切的。看起来托德·帕克并没有做任何计划，也没有多少预算。

作者：帕克一定很懂技术，所以他才使用了平台战略。平台差不多是现成的，尤其是收集和汇聚数据的部分。他招募的创业团队只需要通过 Web 站点把数据集公布出来就行了。小团队很快就可以完成这项工作，资金投入也不大。HHS 团队直接跟使用其数据的那些应用程序开发公司打交道，以便确认它们具体需要哪些数据、以什么形式使用、以什么频率使用等各种细节。这种快速获得数据使用者反馈的方式激发了 HHS 团队，被激发的人可以完成非常多的工作。

　　奥托：托德·帕克离开后，HHS 团队仍然士气高昂吗？

　　作者：所有证据都表明 HHS 健康数据项目仍在延续，发展速度比过去还快。这是有原因的。彼得·德鲁克说过，一旦企业领导人决定了他们的业务是什么，下一步就是制定工作体系并让人们可以将新战略从创意变为正在进行的业务[①]。托德·帕克创建了有效的协同式工作体系，即使在他离开后，这个体系仍得到了支持和继续扩展。

理性工作体系的兴起

　　在 20 世纪 70 年代，理性经济学的兴起不仅把股东价值最大化的原则嵌入了公司治理体系，还向下穿透，影响了整个企业的工作体系。它始于这样一种理念：理性人是效用最大化者，他们基于个人最佳利益做决策。不难想到，效用最大化者多半也是责

---

① 《管理：使命、责任、实践》，作者：彼得·德鲁克。

任逃避者，这些人试图以最少的工作投入换得最多的经济利益。

正如普林斯顿大学的戴尔·米勒（Dale Miller）所言："自利思想在个人主义文化中大受欢迎，形成了强大的自证力[①]。"换句话说，人本自私的假设甚嚣尘上，以至于人们认为事实就是如此。其后果是，从 20 世纪 70 年代和 80 年代开始，工作体系越来越受到理性模型的影响，尤其是在西方企业中。

理性工作体系是如何运作的？如果公司认为基层员工会想方设法做到尽可能地少干活、多受益，它就有两个选择：要么为员工提供详细指导和严密监督；要么设计一个激励机制，把员工利益跟公司利益挂钩。

选择前一种方案的公司往往会设计脚本化的工作实践，对变化的容忍度极低。因为独立决策通常被认为偏向于保障决策者的利益，所以这类公司往往会禁止员工修改工作实践，并对他们的工作进行标准化的衡量。此类工作实践传达了一个信息——员工不应该为自己着想，而这样做的公司很难发挥其员工队伍的智慧和创造力。

自证预言

对担忧责任逃避行为的公司来说，第二个选择就是设立专注于个体表现的奖励机制。这种方案的问题在于，它向员工传递的信息很清晰："我们不相信你会自动自发地做到最好——事实上，我们的期望是，只要不给奖金，你就往后站，什么也别做。"员工

[①] 《美国心理学家》（*American Psychologist*）1999 年 12 月刊文章《利己主义准则》（*The Norm of Self-Interest*），作者：戴尔·米勒。

听得清楚明白，用不了多长时间，责任逃避行为的假设就会变成一个自证预言。更糟糕的是，一个系统若为良好的个人表现而付费，就会吸引那些不多给钱就不好好表现的人。也就是说，薪酬激励实际上会吸引逃避责任者前来——这是第二个自证预言。

相关研究表明，外在动机（奖励）会迅速地"挤出"内在动机（享受）[1]。所以，如果将奖励引入斗志昂扬的员工群体，就可能导致活力消散，协作则注定消亡。而且，员工因为自身的良好工作表现而感到自豪的那种激情火花一旦消逝，想要再次点燃它们就很困难了。

一段时间之后，大多数员工都把奖励制度视为一场游戏，而且他们玩游戏的水平往往比经理们制定游戏规则的水平更高。戏弄这个系统成了常态，而自利则变成了自证预言。

奖励机制还有另外一个问题：做到公平公正的难度高到让人难以置信。如果奖励机制被认为"不公平"，就会导致那些认为自己的贡献被"不公平"对待的人们强力反弹，以后再也不做贡献了。因此，在那些需要协作的环境中，奖励反而导致绩效降低也就不足为奇了。

相关研究表明，约有 30% 的人表现得相当自私，有 50% 的人是可信赖的无私的人，剩余 20% 的人会根据情况的不同或自私或无私[2]。如果公司认定 20% 的摇摆者是自私的，那么你完全可以打赌他们就是自私的——这是一个自证预言。但实际情况更糟，公司创造的那种环境会迫使那 50% 本来无私的人也变得自私起来。半数的员工都丧失了活力、承诺和智慧，这或

---

① 《经济调查杂志》（*Journal of Economic Surveys*）2011 年第 15 卷第 5 期文章《动机拥挤理论》（*Motivation Crowding Theory*）作者：布鲁诺·弗雷（Bruno Frey）和雷托·杰根（Reto Jegen）。

② 《哈佛商业评论》2011 年 7-8 月合刊文章《无私的基因》，作者：尤查·本科勒。

许是所有的自证预言中最大、最悲剧的了。

安娜：我听你说所有员工中有 30% 是自私的。难道我不需要确保我能从这些员工身上得到最多吗？

作者：就跟自私行为的假设是自证预言一样，人们渴望做好工作的假设也是自证预言。如果你秉承对工作队伍的最佳假设，创造出可以让人们发挥出最佳水平的受信氛围，你就会发现大多数人都渴望把工作做好。少数想偷懒、少干活的人会感受到大家期望他们尽责的同侪压力。他们可能会顺从，也可能会换工作去其他公司。但不管怎么样，逃避责任者都不会很多。

奥托：既然理性工作体系不起作用，那该怎么办呢？

作者：互惠，受到优待的人会做出友好的回应。优待员工的公司发现，作为回报，员工也会优待公司及其客户。长远来看，互惠的效果要比奖励好很多。

不是所有利润都生而平等

弗雷德·赖克哈尔德（Fred Reichheld）在他的著作《终极问题 2.0》（*The Ultimate Question 2.0*）中写到，利润分两种：好的利润和坏的利润。好的利润来自满意的客户，他们觉得钱花得值。坏的利润来自为不合理收费、有偿合同和糟糕服务等事情所烦恼的客户。对所有利润都一视同仁的公司可能有很多，但赖克哈尔德指出，坏的利润会导致客户忠诚度降低，招致负面推荐，还会使员工意志消沉。在那种客户有其他选择的行业，坏的利润通常会导致企业的盈利能力降低。

德勤（Deloitte）的迈克尔·雷纳（Michael Raynor）和穆塔兹·阿赫默德（Mumtaz Ahmed）也有几乎一模一样的发现。他们研究了 1966 年至 2010 年期间超过 25 000 家公司的业绩表现，寻找真正长期成功的企业的共同策略。最终，他们只找到了两条[①]：

» 更好先于更便宜——拼价值而非拼价格；
» 收入先于成本——优先考虑开源，然后考虑节流。

换句话说，通过多多交付客户认可的产品而得到的利润比通过削减成本而得到的利润更好。

麻省理工学院斯隆管理学院的蔡内普·童（Zeynep Ton）也认同这种说法。他对比了美国和欧洲的零售店，得出了这样的结论：愿意在员工身上投资的商店的表现比专注于削减劳动力成本的商店要好得多[②]。某零售连锁企业支付的薪水比竞争对手高 40%，其收获是单位面积销售额比竞争对手高 2/3。另一家连锁企业支付的薪水是其竞争对手的 2 倍，其单位面积销售额则达到了竞争对手的 3 倍。某大型零售商发现，每增加 1 美元的工资支出，就很有可能带来 4~28 美元的销售额提升。

劳动力成本的上升怎么会带来利润的提升呢？因为这是一个良性循环：更高的劳资预算会得到更多的优质劳动力，进而得到良好的运营执行，由

[①] 《哈佛商业评论》2013 年 4 月刊文章《让公司变得真正伟大的三条法则》（*Three Rules for Making a Company Truly Great*），作者：迈克尔·雷纳和穆塔兹·阿赫默德。

[②] 《哈佛商业评论》2013 年 1-2 月合刊文章《为什么"好工作"对零售商有利》（*Why 'Good Jobs' Are Good for Retailers*），作者：蔡内普·童。

此带来更高的销售额和利润 [1]。在蔡内普·童眼中，模范零售连锁企业会为全职岗位提供福利、可靠的日程安排、更高的人员配备水平以及多很多的培训。这些因素可以让员工们维持货架充盈，并在客户需要时提供帮助。员工往往也是其所在部门的采购员，可以完成多种不同的工作。他们需要响应客户的反馈，并帮助客户改进流程。总体而言，受重视的员工和有效的工作实践结合起来，就能创造出满足消费者全部所需且体验良好的商店，而这一切将带来可持续的利润。

安娜：这些东西对商店和餐馆可能管用，但设计和开发呢？你怎么去争取最佳结果？

作者：产品开发始终是要靠团队一起努力的，事实上，通常都会有不同职能的多个团队参与其中。因此，那些能够促进沟通和合作的工作体系就是最佳的开发工作体系。

案例：在福特携手合作

艾伦·穆拉利（Alan Mulally）在波音公司度过了他职业生涯的大部分时间。他在 20 世纪 90 年代早期担任大获成功的波音 777 开发项目群的首席工程师和项目群经理，后来又继续领导波音公司的商用航空部门。1982年，穆拉利参加了麻省理工学院斯隆管理学院的斯隆学者项目。为了写论

---

[1]　参见文章《为什么"好工作"对零售商有利》，作者：蔡内普·童。

文，他研究了西南航空公司，特别是该公司魅力超凡的领导人赫布·凯莱赫（Herb Kelleher）。

西南航空公司是在稳定乏利行业中可靠赢利的企业的绝佳例子。除了以其卓越运营在航空业内闻名遐迩以外，该公司精力充沛、讨人喜欢的员工队伍更是广为客户所知。这正是穆拉利决定采用的商业模式。在他的整个职业生涯中，他都更强调群体凝聚力而非个体激励，他在波音公司的标志性倡议被称为"携手合作"（Working Together）[1]。

任何人在回想过去时都会好奇 2005 年穆拉利怎么没被选为波音公司的 CEO，董事会为何鬼使神差似的，一心只想选择局外人。在约 5 000 公里外的底特律，恰逢比尔·福特二世（Bill Ford Jr.）也在寻找能接替他担任福特公司 CEO 的人选。比尔眼睁睁地看着公司在泥潭中越陷越深，却无力回天，于是他说服了穆拉利来试试看[2]。比尔告诉他，最大的问题在于组织内的筒仓（Silo），惺惺作态、只顾为自己谋利的高层们以及掩藏问题的企业文化。这，就是一个基于理性模型建立的工作体系。

穆拉利开始着手改变福特公司的企业文化，将其转变为提倡暴露问题并协作解决问题的跨职能团队合作的文化。他发出了只有"一个福特"的信号。他立刻开始主持召开简短的、强制性的高管团队周会。每次会议都专注于暴露问题并寻找解决方案，所有参会高管都需要对他们所负责的领域了如指掌，并要准备好当场做决策。第一次开会时，穆拉利提出了一组共 10 条规则。

---

[1] 《精益软件开发管理之道》（*Leading Lean Software Development*）第 1 章，作者：玛丽·帕彭迪克、汤姆·帕彭迪克。

[2] 此节信息来自《美国偶像：艾伦·穆拉利和拯救福特公司的战斗》（*American Icon: Alan Mulally and the Fight to Save Ford Motor Company*），作者：布赖斯·霍夫曼（Bryce Hoffman）。

（1）以人为本。

（2）一视同仁。

（3）志向高远。

（4）绩效目标清晰明确。

（5）一个计划。

（6）事实与数据。

（7）提出计划；"定有出路"的态度。

（8）互相尊重、倾听、帮助和鼓励。

（9）抗压……信任流程。

（10）获得乐趣……享受旅程与同伴。

穆拉利逐步地重组高管团队，以涵盖不同的地域和技能领域（如产品开发、生产制造和营销）。高管们发现，他们也得召开跨职能结构和问题解决方式都相似的会议，只有这样才能为参加周会做好准备。随着时间的推移，矩阵结构和焦点会议逐渐向下传导，推动着整个公司的各个层面都更加关注跨职能地解决问题。

穆拉利带给福特公司的这场文化变革，在极短的时间内就传遍了整个公司，其成果也被载入了史册：穆拉利领导了美国历史上最成功的企业转型，福特公司在 2008 年金融危机期间免于灾难，并逐步推出了一套简单却很强大的深受消费者喜爱的车款阵容。

奥托：福特公司的普通员工也真的感受到了文化变革吗？

作者：绝对的。穆拉利加入福特公司 4 年后，我们在福特公司的礼堂参加一个会议的时候，好几个人都跟我们讲了同一个故事："艾伦·穆拉利让公司变成了理想的工作场所。终于，我爱上了早起上班的感觉。"

安娜：就算是 CEO，光靠一个人也很难这么快就转变一家公司的企业文化，他是怎么做到的呢？穆拉利去福特公司的时候带了一支新团队吗？

作者：事实上，穆拉利的做法是先保持现有管理团队基本不变，然后逐步替换成员。他改变了预期，他创造了一种要求人们与他人协作的环境。每个星期，高管们都被要求诚实地面对问题并与他人协作以解决这些问题，而不能只想着个人绩效指标。公司高层持续做出协作行为的表率，也向组织传达了一个强烈的信号，即所有层级都应该采取协作行为。

奥托：听起来，团队合作在福特公司很重要。

作者：穆拉利认为，技艺娴熟且积极进取的团队就是福特公司未来的关键所在[1]。在任何复杂的环境中，团队合作都是很重要的。这是因为，对一个复杂系统任意单一领域的优化，必然会变成对系统的局部优化。只要涉及复杂和协作的情况，注重合作和团队精神的工作体系就比注重个人绩效的工作体系更加有效。

---

[1]　来自福特公司官方网站。

协同工作体系

　　经济学家们喜欢研究**社会困境**（Social Dilemma），即个人利益与集体利益发生冲突时出现的问题。社会困境方面的经典经济学理论被称为**公地悲剧**（Tragedy of the Commons）。该理论认为，由社区共担责任的公共区域会因为缺乏规范管理而无法持续。为什么？因为如果个体对公共区域限制使用或积极维护却得不到激励，公地就会因为被滥用、疏于监管和过度使用而逐渐恶化，至少理论上如此。

治理公地

　　埃莉诺·奥斯特罗姆（Elinor Ostrom）不认为现实生活中必然存在公地悲剧，于是她开始寻找反例。她一生都在研究保护共享资源的本地治理机制，并因此获得了 2009 年的诺贝尔经济学奖。她研究那些成功维护捕鱼水域、森林、牧场和灌溉系统等公共区域长达数十年甚至数百年的社区。她得出的结论是，将公共区域交给地方群体治理远比交给中央机构治理更为有效。

　　奥斯特罗姆将她在那些成功的自治社区身上找到的共同点汇总为下列 8 条原则[1]。

　　（1）具有明确定义的社区边界。

　　（2）建立适合当地实情的使用规则。

---

[1]《公地治理：集体行动制度的演变》（*Governing the Commons: The Evolution of Institutions for Collective Action*），作者：埃莉诺·奥斯特罗姆。

（3）受规则影响者可以参与修订规则。

（4）社区成员建立了一套机制来监督人们遵守规则的情况。

（5）使用了分级制裁（Graduated Sanctions）机制。

（6）有低成本的冲突解决机制可用。

（7）外部当局尊重社区自主制定规则的权利。

（8）在分权制企业的各个层级中，对治理活动加以组织。

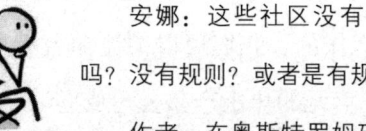

安娜：这些社区没有使用任何管控措施来维护公共财产吗？没有规则？或者是有规则，但没人强制执行它们？

作者：在奥斯特罗姆研究的那些区域中，既有规则，也有确保规则得到遵守的强制措施。但决定并强制执行这些规则的是本地用户社区，而不是某个外部当局或官僚机构。不妨把它想象成通过同侪压力进行治理吧。

同侪压力

直至近期，大多数的经济学研究都把群体视为个体的集合，却很少关注另外一种理念：群体可以拥有自身的行为特征，而且群体的行为独立于群体成员的个人行为。但是，哈佛大学的罗伯特·桑普森（Robert Sampson）有不同的预感，他觉得某个街区的性格特质与该街区的居民是相互独立的。于是，他于1995年主导发起了对芝加哥街区的协作行为的综合研究。

桑普森度量了他称为**集体效能**（Collective Efficacy）的街区特征，它由**社会凝聚力**和**共享控制预期**两种机制组成[①]。那么，集体效能是什么呢？它是内聚型团队通过自强化的群体规范和期望管控不良行为的程度；或者，说得简单一点，它就是志同道合的一群人对同侪压力（Peer Pressure）的审慎使用。桑普森发现，有些芝加哥街区的集体效能很高，有的却很低。他还发现，高集体效能是社区福祉的一个关键因素。换句话说，通过同侪压力管控不良行为的社区比那些期望由外人决定和执行规则的社区更好。

由此，我们不难联想到可以把公司视为街区并关注公司的集体效能。要想了解高集体效能的公司是如何运作的，我们可以关注知名标杆——戈尔公司（Gore）。这家年产值为 25 亿美元的化工产品公司成立 65 年以来从来没有不盈利的时候，它就是在没有管理层级结构的情况下运作的。

在戈尔公司：

» 人们选择自己的工作；
» 领导者就是吸引了跟随者的人；
» 独立业务部门是小型的、自治的且自给自足的。

这怎么能行得通？在戈尔公司，个体工作者的成功取决于他们所在的小型（少于 150 人）业务部门的经济成就。正因为如此，从工程部到制造部再到销售部，每个部门的人都通力协作以确保他们部门的成功。该公司员工已经开始相信"同侪压力比老板的理念更有效，而且强大很多倍[②]"。

[①] 《伟大的美国城市：芝加哥和持久的邻里效应》（*Great American City: Chicago and the Enduring Neighborhood Effect*），作者：罗伯特·桑普森。

[②] 《引爆点：如何制造流行》（*Tipping Point: How Little Things Can Make a Big Difference*），作者：马尔科姆·格拉德威尔（Malcolm Gladwell）。

同侪文化并不是戈尔公司所特有的。在很多初创公司里面，也可以发现它。它在大学研究社区中也很常见。它是大多数开源项目都有的印记。戈尔公司的工作体系在商业世界中可能会被视为异类，但在小企业、非营利组织、学术机构甚至小型社区所在地政府中却相对更常见。

组织没有层级化治理结构并不意味着没有治理。由拥有共同利益的人们设计并监督执行的严格行为规范同样有效，或许更好[①]。事实上，这正是桑普森的研究所揭示的集体效能的工作方式。

奥托：莫非同侪压力就是艾伦·穆拉利召开周会的原因？复制周会制度是不是一个好的开始？

作者：恕我直言，我们并不建议你们盲目照搬艾伦·穆拉利的实践。凭借着几十年的经验，他凭直觉就知道应该如何推进，但可以肯定在周会上看不见的麻烦事还有很多。照搬具体实践不是一个好主意，先理解成功方法背后的思想之后再谨慎地运用该思想解决问题才是更全的做法。

例如，在效仿戈尔公司针对最大群组规模的实践之前，确保你已经理解了该公司为什么会考虑采取在业务部门人员规模接近150人时进行拆分的做法。

---

① 当然，严格的组织规范也会抑制个体的想法和动力。用同侪压力替代组织治理并非解决所有问题的灵丹妙药。

邓巴数

罗宾·邓巴（Robin Dunbar）是英国的一名人类学家，早年他在埃塞俄比亚观察狮尾狒的社会动态，想用工作成果来阐明人类的进化。一段时间之后，邓巴发现，不同物种的猴子、狒狒和猩猩聚居群落的规模是不一样的。有意思的是，群落规模似乎与该物种大脑的大小有关，或者更具体地说，与脑外侧控制思维与语言的新皮质的大小有关。生活在大型群落中的灵长类动物通常新皮质也更大。

邓巴理论认为，灵长类动物的大脑逐步进化到很大的个头，以便个体可以维持自己跟群落中其他个体的社交关系。接下来，自然就可以根据人类新皮质的相对大小，推算出位于灵长类进化链顶端的人类更倾向于多大的社区。邓巴计算得到的答案是 150，也就是如今所说的**邓巴数**。

邓巴提出了一个理论：人类大脑进化到了足以维持与约 150 人的社交关系的程度。为了检验该理论，他和其他研究员开始关注人类社交群体在前工业社会时期的大小，尤其是"狩猎者—采集者"群体。

他们发现了几种比较常见的群体规模。

（1）由 3~5 个非常亲密的朋友或家人组成的"核心圈"。

（2）由 12~15 个关心彼此命运的亲密朋友组成的"同情组"。

（3）由 30~50 名合作完成任务的同事组成的"狩猎组"。

（4）由 150 名维持着稳定人际关系的人组成的"氏族"。

（5）由 500~2 500 名讲相同语言或方言的人组成的"部落"。

瞧！邓巴数看起来就是"氏族"的大小，即一群彼此了解、互相帮助且共同经历重大事件的人。

互惠

那么，大脑的大小跟社区的规模又有什么关系呢？该理论得出：**互惠是合作的货币**。最简单一层的意思是：如果我帮了你的忙，你以后就应该还我人情。但是，互惠实际上复杂得多。例如，我为你身边的人做了一件好事，过了一段时间后，你又为我办事，还了人情。或者，我参加了狩猎等群体活动，并期待着从一场成功的狩猎中获得收益。这些更复杂的交换都是间接（或广义）互惠的形式，只有当人们可以记住谁信得过、谁亏欠谁的时候，这种更微妙的互惠才有效。

邓巴认为，猴子或狒狒或人类的新皮质的大小决定了其同一时间可以维持的社交关系的数量，也决定了广义互惠可以产生效用的群体的大小。人类可以维持与约 150 人的社交关系，超过 150 人后就需要用职权和监管来保障良好的行为表现。不到 150 人的时候，每个人都熟识其他人，社交关系的数量也正好可以维持互惠账面平衡。

当代也有证据可以证明这一点。哈特教派（Hutterites）是一个宗教群体，在欧洲和北美地区以自给自足农业社区的形式存在，数个世纪以来其社区人数一直都没超过 150 人。除了宗教社区，邓巴还发现，18 世纪的时候，英国除肯特（Kent）以外的村庄平均约有 160 人（肯特是 100 人）。今时今日，士兵连队平均为 150 人，专攻某个特定狭义学科的学术型社区人数为 100~200 人，如果社区变大了，则倾向于将之拆分为子学科①。

———————

① 《你需要多少朋友》(*How Many Friends Does One Person Need?*)，作者：罗宾·邓巴。

安娜：在商业社会中，互惠真的能派上用场吗？

作者：生意场上的互惠现象比你想象的更常见。大多数销售人员都知道，如果他们关怀客户，客户就更有可能找他们订货。优秀的团队领导都知道，如果他们关怀团队成员，团队成员就更有可能为之奋斗。妥善照顾员工的公司发现，员工们更有意愿帮助公司获得成功。

合作规则

罗宾·邓巴对群体大小与互惠的研究、埃莉诺·奥斯特罗姆对社区如何维护公共资源的研究和罗伯特·桑普森对街区的研究都是合作科学方面的基础工作。三者都基于对实地社区的广泛研究，而非通过观察个体在人为制造情境下的表现所得出的推断。

他们的发现可以总结如下。

（1）一个工作团队或社区应该竭尽所能为自身命运负责。例如，产品团队应该包含设计、开发、交付和维护产品所需的所有职能。我们发现，产品团队有狩猎群体（30~50人）那么大就挺好。

（2）规则和规范应该符合当地情况，应该由受到影响的人们来决定或调整。这意味着团队应该自行设计或调整流程，使之匹配他们所处的特定环境。

（3）应该建立这样一种期望：人们会遵守规则并且同侪之间会监督各自的行为。我们发现，只要团队成员们认为规则是合理的（因为他们协助起草了规则），也关心他们工作成功与否，同侪压力自然就会出现。

（4）外部当局应当尊重社区制定自身规则的权利。应该建立公司级标准流程这种想法跟本地担责模型并不相容；相反，本地群组应该是受到信任的，并且可以自行制定最适合所处情况的工作实践。

奥托：你知道吗，这听起来像是我在工作之余所处群体的做事方式。

作者：完全正确。要想观察合作具体是如何生效的，最好去观察人们可以自行选择是否参与活动时的实际情况。在人们自愿投入时间的情况下，能够促进合作的领导力实践是唯一有效的。企业从成功的志愿者组织身上可以学到很多有关如何组织工作团队的经验。彼得·德鲁克也曾建议，经理们应该把知识工作者当作志愿者对待，因为他们事实上就是志愿者。

案例：当工作者是志愿者的时候

对于把人们视为志愿者的事情，乔·贾斯蒂斯知道很多，因为他领导着一支志愿者队伍。在白天，乔是敏捷顾问；在晚上和周末，他把时间用于改善汽车对环境的影响。他计划打造一款名为 WIKISPEED 的模块化汽车，这种汽车可以在车库用廉价的工具和材料制作出来，每 100 公里的油耗是 2.3 升。

乔发现，他用在软件团队上的敏捷技术正好适合用来组织 WIKISPEED

散布于全球各地的数百人的团队。他发现，Scrum 的一揽子敏捷实践就是让他可以既快速又省力地建立分布式协作团队的好办法，因为它提供了团队内良好协作所需的最小工具集。他还使用了看板（Kanban）这种敏捷调度技术来优化团队内部的工作流。他发现，极限编程的各项原则尤其是测试先行原则激发了可创造质量上乘的工作成果的技术实践。WIKISPEED 团队遵循精益原则，以便最大限度地将时间用于创造性地解决问题。

乔并不是在大学攻读计算机科学课程时学会了敏捷方法，而是在参加工作后在一家敏捷公司学会的。他说："当时我可不知道什么是敏捷，反正我们就那样干活。后来协调其他团队的交付时，我看到他们常常工作到很晚，甚至周末也要加班，我感到很吃惊。我们团队 5 点就回家了，客户还很爱我们！我开始学习项目管理，想要搞懂其中的差别，那时我才意识到，当我们已经获得权限去增量地迭代和做计划时，那些团队还在使用提前数年制定的瀑布日程表。"

乔参与的第一个项目是科罗拉多州的产权登记系统，他负责编写其中车辆上路法规的部分。他很喜欢这份工作，因为他很喜欢汽车而且很享受改装汽车、提升性能的过程。在这个时候，乔听说了前进保险公司冠名 X 汽车大奖赛（Automotive X PRIZE）的消息，大奖赛提供了 1 000 万美元奖金，鼓励发展高能效、可商业化、可合法上路的汽车。乔结合日常工作所学和汽车爱好得出了一个很简单的结论：他必须接受挑战。他提交了申请，开始在车库里造车。

身为计算机迷，乔把项目进度都发布到了自己的博客里面，慢慢地开始有人提供帮助，这让他很开心。很快世界各地就有 40 多人开始点评他的设计，还帮助他构建零部件。你可能觉得依靠分布式团队造车很不靠谱，但乔对分布式团队还算略懂一二。他熟知在分布式环境下运行良好的系统架构，也有充分的证据可以证明快速迭代是解决复杂问题的最佳方式，还知道将变更成本最小化的好处有哪些。因此，他选择了使用标准接口的模块化子系统的设计，以便能快速便捷地热插拔单个模块。乔宣称："只需换个轮胎的时间，我们就可以换好悬挂系统。"X 汽车大奖赛为他提供了证明自己说法的机会。

2010 年 5 月上旬，WIKISPEED 团队的 16 名成员出现在密歇根国际赛道的 X 汽车大奖赛的赛场中，他们中的大多数人都是第一次见面。恰巧汽车需要修改，该团队在 48 小时内就找出问题所在并重建了汽车，给现场的汽车业专家们留下了深刻的印象。WIKISPEED 汽车并未赢得比赛，但它得到了大量的宣传，还收获了更多的志愿者。WIKISPEED 团队转而开始关注其真正的目标：一个模块一个模块地开发出普通人也能建造且易于修改的高能效汽车，以此改善环境。

此后，WIKISPEED 团队一直稳步向前推进。到了参加底特律汽车展时，中规中矩的款式变成了运动款的造型，经典家轿款和商用卡车款也正在开发。每个模块都经历了多次修改，开发站点一直在增加、扩展。跟开源生态计划（Open Source Ecology）签约后，WIKISPEED 大多数的计划都将公开，这使得任何人都可以建造自己的汽车。

安娜：人们为什么会自愿为 WIKISPEED 工作呢？

乔：我们尝试着做一些值得做的事，让人们有机会参与并释放他们内心的热情。最让人惊喜的是，真没想到有那么多人迫不及待地想要参与此事，络绎不绝……马斯洛需求层次理论模型的顶层是自我实现，这是很多人在那种以"为股东挣更多的美元"为使命宣言的公司里所感受不到的。

奥托：怎么才能让志愿者持续地投入其中呢？

乔：士气是速度的倍增器，值得关注。多年来，社区已逐渐建立了旨在鼓舞士气和建立高士气团队的敏捷工具箱。敏捷在定期展示成果这个方面做得很不错。演示会定期举行，我们鼓励大家多邀请利益相关者或客户参加。整个团队都要出场，而且通常是谁干活谁演示。这样做能维持大家的主人翁意识。

频繁召开站立会议（我们开的是周会）带来了可见度，让人们觉得自己是跟整个项目有关联的。结对有助于建立团队互敬，轮换结对则有助于传播团队互敬并建立跨职能团队。我认为，正是因为有了敏捷工具箱里的那些工具，并用它们来保持人们在逐步深入和加强跨职能的过程中士气高昂且技艺娴熟，才能让这么多的人一直参与其中。庆祝他们所获得的成就也是流程的一部分。

安娜：你是怎么协调一支分布式硬件团队的呢？

乔：对于硬件项目，我们先将硬件问题拆分为模块。凡是可能会变化的区域，都从逻辑上拆分成单独的模块，跟那些会同时发生变化的部分一起打包。例如，WIKISPEED 汽车的引擎模块包括引擎、燃油系统和冷却系统，如果我们从使用汽油改为使用电力或生物燃料，这三个系统就很可能会一起发生变化。我们没有采用大设计前置（Big Design Up Front），而是采用了契约先行开发（Contract-first Development）[①]，

---

① 参见契约式设计（Design by Contract）。——译者注

最先做的是设计好模块之间的接口，然后通过快速迭代来实现模块内部的演进式架构。这正是现代软件团队的工作方式，开发基于 Web 服务的解决方案时尤其如此。

奥托：你们使用了什么沟通工具？

乔：WIKISPEED 的方方面面都是为了实现两件事情而设计的，一是降低人员加入、离开团队的成本，二是模糊世界上的任何一个人与活跃团队成员之间的界限。每个人都可以使用自己喜欢的沟通工具跟别人交流。所有人都可以访问团队的谷歌讨论组，用邮件进行实时交流。同时，在 Facebook、Youtube 和 Twitter 上也会有持续的更新。我们专门建立了一个虚拟房间，每个人都可以随时随地跟其他人相视相听，虽然也会有很多跟大家手头工作无关的闲谈杂声，但至少所有人都能有所耳闻。可以参与这个超大的分布式项目本身就很能激励他们了。团队房间是速度和士气的绝佳构造器，我们尝试通过在线工具获得相同的效果。有很多免费工具的效果都很不错。

安娜：你为什么要公开 WIKISPEED 的计划呢？

乔：如果不公开我们的开发进展，就无法让世界各地的人们快速地参与进来。每做出一些新东西，我们就会拿出来给全世界看，看到的人无不感慨"太棒了，我也想参与"。而且，他们也确实能参与其中，因为这个项目要多透明就有多透明。如果项目没有那么透明，就会有损我们的速度。我们的超能力之一就是可以极快速地开发。既然如此，我们为什么要妥协呢？

每次有所创新，我们都会自问："老牌制造商能在一个月内掌握这个创新吗？"答案通常是肯定的。接着，我们再问："藏着掖着能创造什么价值？"竞争对手通常都会对我们的解决方案做逆向工程。我们宁可他们把时间用于开发其他解决方案和持续创新。

奥托：你从 WIKISPEED 项目上得到了什么关键收获？

乔：我学会了要将问题拆分成小团队可处理的小模块，以及要先集中精力设计团队之间的接口。在领导力方面，我也学到了很多，一个领导者应该：

- » 做值得做的事；
- » 充分利用人们已有的兴趣；
- » 提高士气，因为它是速度的倍增器；
- » 定期演示并公开成果；
- » 通过快速迭代解决复杂的问题；
- » 将变更成本最小化；
- » 模拟共处一室的感觉；
- » 提供透明度，因为它能带动深度参与；
- » 让人们看到自己是大局的一部分。

待思考的问题

1. 你们的业务是什么？你们组织的使命是什么？这个使命能激励你每天早起上班吗？它能鼓舞其他人吗？

2. 组织内的"普通"员工理解他们的工作是如何帮助组织达成使命的吗？他们明白最终客户最重视什么吗？他们看得见自己工作带来的影响和价值吗？

3. 促使人们积极参与并全力投入为组织成功做贡献的原因是什么？你们打算靠个人奖励体系来达成目标吗？如果是，效果如何？

4. "团队"这个词在你们公司意味着什么？你们的团队有多大？

5. 你们团队的耦合程度如何？系统架构的耦合程度如何？团队架构是否映射了系统架构（即是否符合所谓的"康威定律"）？

6. 你们是否拥有一支能够设计、开发并向市场推出一个产品（或服务）或向客户交付特定价值的产品团队？他们做得怎么样？

7. "自组织团队"这个词对你们来说意味着什么？你们拥有这样的团队吗？他们做得怎么样？怎样才能让他们做得更好？

8. 你们团队有没有需要成员遵守的规则？它们是怎么制定出来的？它们是否具有争议性？它们是强制性的吗？它们的效果如何？

9. 人们觉得你们公司是一个很棒的工作场所吗？你是怎么知道的？

10. 想象一下，下个星期，你们团队里的所有人都中了彩票。他们还会继续来上班吗？你们的工作场所有什么吸引力，以至于大家就算中了彩票还渴望着上班、埋头干活、加班到很晚？

第二章

斗志昂扬的工作者

THE LEAN MINDSET
ASK THE RIGHT QUESTIONS

全部潜能

　　1989 年，加菲高中（Garfield High School）的学生们参加了 16 个主题不同、总数超过 450 个的先修课程（Advanced Placement，AP）测试，通过高中的学习获得大学学分。11 年前，加菲高中的学生总共也就参加了 10 个 AP 测试。很显然，这所学校在 20 世纪 80 年代发生了翻天覆地的变化。这些变化跟学校建筑或预算多少可没关系。加菲高中位于洛杉矶东边的一个贫穷的西班牙裔社区，所以这些变化跟邻里关系自然也没什么关系。根据当时相关人员的说法，加菲高中的巨大变化可以归功于 *ganas*。

　　ganas 是一个西班牙语词汇，它刻画了打定主意要达成目标并愿意为之努力奋斗的人的心态。在 20 世纪 80 年代的加菲高中，很多老师和行政人员都认为，找出学生心中的 *ganas* 就是帮助学生发挥全部潜能的最佳方式。他们创建了富有挑战性的课程，并把它们提供给所有憧憬更美好的未来也愿意为之奋斗的学生们，而不只是关注那些被认为有"天赋才能"的学生。

　　故事要从几年前说起，那时亨利·格雷迪拉斯（Henry Gradillas）还是一名在同样贫穷的西班牙裔社区中成长的年轻人。他第一次走出社区是为了给他 10 年级生命科学老师的家涂油漆。看到老师的房子那么大、家居摆设那么好，格雷迪拉斯非常惊讶，于是问老师："你们家的生活方式比我们家的好太多了，这是为什么呢？"答案是：教育。他的老师和老师夫人都有大学文凭，并因此找到了高薪工作。于是，格雷迪拉斯决定也要拿到大学文凭。他惊讶地发现，自己被"归类"到了学校系统能提供的最没要求的班级，有人断定他天赋有限，不够格上高才班。格雷迪拉斯经过一番努力争取才进入大学预科班，还上了一些补习课才能赶上学习进度。最终，他拿到了大学文凭，也确实发现它是通向更好生活的门票。

　　1981 年，格雷迪拉斯当上了加菲高中的校长，他深信自己的工作就是要让学校里面的所有孩子都能得到和他当年一样的机会。通过制止违法犯罪行为以及迟到、早退，他创造了一个讲纪律的环境。他禁止表现不佳的学生参与课外活动，并以补习课取而代之。他取消了难度不高的科学及数学课程，要求学生必须通过代数考试才能毕业。他限制非学术课程的课时，并要求所有班级都得安排有助于学生获得高薪工作的内容。他鼓励老师们面向有获取大学学分需求的学生开设 AP 课程，并给他们时间吸引学生加入这些班级。

　　就是在这种环境下，贾梅·埃斯卡兰特（Jaime Escalante）大放异彩，成了一名杰出的教师。在格雷迪拉斯来到学校之前，埃斯卡兰特挣扎着坚持讲授 AP 中最困难的微积分课程，而行政人员几乎没有提供任何支持。事实上，他一直被警告说这些高难度课程会损害西班牙裔学生们脆弱的自尊心，还被要求提供更容易的课程。然而，在老家玻利维亚有多年数学教学经验的埃斯卡兰特并不打算向洛杉矶的学生们提供比他在拉巴斯（La Paz）所教授的课程更简单的内容。其他人看见的是需要迁就的差生，而埃斯卡兰特看见了渴求挑战的聪明孩子（通常都在家乡接受过良好的教育）。

埃斯卡兰特把自己想象成一名教练，把学生当成正在接受训练，准备应对每年 5 月 AP 微积分考试挑战的团队。想要加入微积分团队的学生需要学习整整两年的代数课程，并要在密集的夏季学期里掌握几何和三角学。学习微积分的学生及其家长需要签署合同，并承诺每天做家庭作业、参加课后和周六上午的学习。为什么学生们愿意刻苦学习呢? 因为只有这样他们才能考上大学，获得奖学金，过上更好的生活。他们需要大量的 *ganas*，才能在高中的岁月里投入那么多的时间去学习数学。

1990 年，埃斯卡兰特写道:

> 在这个计划里，我的接受标准就是学生自己想要参加并且真心诚意地想要学习数学。我告诉学生们:"如果你们想参加这个计划，我只要求你每天带上一样东西——*ganas*。"……除了那些原本就很喜欢数学的孩子，我通常还会选择那些捣蛋鬼和有"纪律问题"的孩子。我发现"课堂掉队生"通常都是最聪明的学生，只不过糟糕的教学让他们感到无聊至极，而学校认为他们"死路一条"的态度也让他们万念俱灰。有时候，你会发现，被点亮了"学习之光"的他们反而是拥有最多 *ganas* 的人 [①]。

埃斯卡兰特在加菲高中工作早期，他的数学班也在逐渐发展，但格雷迪拉斯来到学校之后创造了一个更有纪律性的学校环境，并提供了对高难度数学计划的无条件支持。在 1981/1982 学年，埃斯卡兰特的微积分班共有 18 名学生。在 5 月的 AP 微积分考试中，18 名学生全部通过，就算是对美

[①] 《黑人教育杂志》(*Journal of Negro Education*) 1990 年第 59 卷第 3 期文章《贾梅·埃斯卡兰特数学项目》(*The Jaime Escalante Math Program*)，作者: 贾梅·埃斯卡兰特和杰克·德曼 (Jack Dirmann)。

国最富裕的高中来说，取得这样的成绩也是很了不起的。接下来，正如电影《为人师表》（*Stand and Deliver*）所记录的那样，14 名学生被指控作弊，他们的成绩也被撤销了。12 名学生重新参加了考试，全数通过，其中 5 人还拿到了最高分。

学生们口口相传，数学班变得越来越热门。1987 年，加菲高中有 129 名学生参加了 AP 微积分考试，全美只有 4 所学校的报考人数比加菲高中多。那一年，美国通过 AP 微积分考试的西班牙裔学生有 25% 都在加菲高中。与此同时，其他 AP 课程也蓬勃地发展了起来。加菲高中排除万难，将惊人的高比例的毕业生送入了大学，让他们走上了杰出的职业发展之路。

故事终有结局。格雷迪拉斯于 1987 年离开了加菲高中，支持数学计划的力度开始减弱。3 年后，埃斯卡兰特心碎地离开；1 年后，参与数学计划的其他关键老师也悉数流失。尽管加菲高中的数学计划受到如此重创，但在随后的 10 年中，学生们仍然取得了很高的成就。美国其他贫困地区的学校都复制了格雷迪拉斯和埃斯卡兰特的做法，向拥有 *ganas* 的学生们提供具有挑战性的课程以发挥他们的全部潜能。

安娜：这个故事听起来像是说，学校用来识别高才生的体系非常糟糕。

作者：如果天赋是可以被发现的而不是需要去开发的，你这么说倒是没错。但相关研究表明，天赋并不是天生的，而是靠长时间刻苦工作和刻意练习开发出来的。不幸的是，多数学校都会按照潜能的不同给孩子们分组，结果却创造了自证预言。正如格雷迪拉斯所发现的，一旦被"归类"为低潜能，学生们就不会被分到高难度班级。"归类"很早就已经开始了，而且几乎只看学生的英语水平。

奥托：智商跟这事有关系吗？

作者：好问题。智商也是一个自证预言。卡罗尔·德韦克（Carol Dweck）发现，一旦低年级高中生认定自己的智商不可改变，它就真的不会变了，我们待会再介绍她的成果。一旦他们自己相信智商可以通过努力来提高或被别人告知如此，他们的数学得分就会提高①。

ganas 与成长心态

你可能会好奇 20 世纪 80 年代加菲高中的做法跟几十年后的商业世界有什么关系。为了解答这个疑问，我们可以假设有一个年轻的孩子，她听到别人弹钢琴，觉得很好听，所以自己也想学。她坐到钢琴前开始弹奏，声音可不怎么好听。她是否还会坚持学钢琴取决于接下来会发生什么。她也许会想："这事我不擅长，还是找点儿别的事情做吧！"也许她听说没有人生来就是大音乐家，任何人都需要经过长时间的刻苦练习才能变得跟偶像一样优秀。如果她带着成长的心态起步，就更有可能成为音乐家。

卡罗尔·德韦克在《终身成长》（*Mindset: The New Psychology of*

---

① 《儿童发展》（*Child Development*）2007 年 1-2 月第 78 卷第 1 期文章《内隐智力理论对青少年过渡时期成就的预测：一项纵向研究与干预》（*Implicit Theories of Intelligence Predict Achievement across an Adolescent Transition: A Longitudinal Study and an Intervention*），作者：莉萨·布莱克韦尔（Lisa Blackwell）、凯莉·特谢斯涅夫斯基（Kali Trzesniewski）和卡罗尔·德韦克。

Success）一书中提出，人们在做事时通常会有两种心态。有些人做任何事都希望从一开始就表现良好。一旦陷入艰难处境，需要刻苦努力才能有所改善，这些人就会认定自己不擅长这件事，并很快地放弃。德韦克称这种思维为**固定心态**。固定心态的背后是一种暗含的假设：天赋是一种要么有要么没有的东西，如果有人需要刻苦努力才能成事，那么他们显然没什么天赋。

持有第二种心态的人认为，只要肯努力，不管什么事，他们都能做好。德韦克称之为**成长心态**。你或许会把它视为对改进的渴望。当德韦克还是一名年轻研究员的时候，她初次遇到了这种心态。当时，她正在做试验，研究人们如何应对失败。她让孩子们解答谜题，先从简单的开始，然后逐步提高难度。当孩子们努力解答更难的谜题时，德韦克努力尝试了解他们是如何应对困难的。

她是这样报告的：

> 面对困难的谜题，一名 10 岁的小男孩从椅子上站了起来，搓了搓手，捂住嘴唇，喜极而泣："我爱死挑战了！"另一名男孩则解题解得满头大汗，他抬头露出一副开心的神情，很威严地说："你知道吗，我还以为它信息量很大呢！"

> **他们到底怎么了？**我很惊讶。我一直以为，面对失败，无外乎处理与不处理两种做法。我从未想过会有人喜欢失败。这些孩子难道都是外星人，要不就是中了邪①？

德韦克决心弄明白这些孩子到底怎么了，"以便理解那种将失败变成礼

---

① 《终身成长》第 1 章，作者：卡罗尔·德韦克。

物的心态"。

安德斯·埃里克森（Anders Ericsson）、卡罗尔·德韦克和其他很多人所进行的数十年的研究，破除了"天赋是固定的"这一迷思。对学习数学或音乐或武术来说，如果有天赋，早期阶段的学习确实会轻松一些。但是，学习肯定会变得越来越难。这时，拥有固定心态的人很可能会停止努力，而拥有成长心态的人则会更加努力并不断成长。

加菲高中参与数学计划的学生们就发展出了成长心态。他们发现，天赋并不是固定不变的，而是可以通过高难度课题和不懈练习来培养的。学校里的每个人都清楚地看到了，学习数学这件事情在很大程度上取决于"*ganas*：求知的渴望、牺牲精神和成功的意愿"[①]。在加菲高中学会了用功学习的学生，已经具备了应对大学课程要求的能力。最终，在加菲高中学习微积分课程的学生有很大比例投身于高挑战性技术领域，也都有着非常成功的职业生涯。

奥托：成长心态跟精益心态有什么关系呢？

作者：拥有精益心态的公司不会浪费时间去评估大家的天赋水平。它们通过招聘制度找出拥有 *ganas* 的人。它们建立了一套体系来挑战人们，促进他们持续地提升工作能力。西南航空公司传统上一直拥有精益心态，只要仔细观察，你也许就会发现他们有很多团队在精神上跟埃斯卡兰特的数学课堂一脉相承。

---

① 参见文章《贾梅·埃斯卡兰特数学项目》，作者：贾梅·埃斯卡兰特和杰克·德曼。

每个人都高于平均水平，这可能吗

有人曾经跟我说："我们有 5 000 名员工，所以至少会有一半人低于平均水平。"这个说法很有意思，但肯定是不正确的。这是固定心态的思维方式。想想埃斯卡兰特的数学班。如果埃斯卡兰特把班里面的学生拿来相互比较，他也会发现有一半人低于班级平均水平，但他并没有那么做。他把学生们视为正在接受训练、准备应对 5 月 AP 微积分考试挑战的团队。等拿到考试分数，他就知道学生们的表现如何（以及他自己的表现如何）了。年复一年，全班得分都远远高于平均水平。以各种客观标准来看，低于平均水平的孩子们被他变成了擅长所有足以改变人生之事的一群孩子：

（1）他们养成了受用一生的学习策略和习惯；

（2）他们是科学技术基础语言的专家；

（3）他们学会了在挑战而非逃避中成长。

拿人跟人比，得出一半人低于平均水平的结论，这是一种固定心态。任一群组在任一时刻总有一半人低于群组平均水平，此话不假，但计算公式没有考虑他们的潜能。拥有成长心态的公司努力创建一种员工们专注于**改进**的环境，让个体可以不断地提升专业技能，团队可以持续地改进其表现。经过市场检验之后，那些致力于帮助所有员工充分发挥潜能的公司将会发现，他们的员工队伍远远超过平均水平。

安娜：做绩效评估时，我得让结果呈平均分布。如果我给太多人提出"超高要求"，HR 部门就会找我的麻烦。

作者：跟我们说说，你们招这些人的时候，是招了一群平均分布的人，还是招了你们能找到的最有天赋的人？

安娜：当然是顶尖人才了。

作者：如果你们招的都是顶尖人才，怎么可能在半年到一年的时间内，他们的天赋就发生这么大的变化，半数的顶尖人才都变得低于平均水平了？

安娜：好问题。做绩效评审的时候，跟大家解释是 HR 部门要求我把所有人都放在曲线上可太难了。他们当然不喜欢听到那些话。

奥托：如果是勤奋工作的应届大学毕业生呢？公司会欣赏那些经验不多却愿意努力工作并在工作中提高才能的人吗？

作者：会，有这样的公司，这些公司都是好去处。让我们来看一家公司，其创始人早在 1965 年就在企业文化中植入了成长心态。

一次改变世界的挑战

1997 年，戈登·摩尔（Gordon Moore）说："自从我进入这个行业以来，我们已经将硅晶圆的售价降到了每英亩 10 亿美元的数量级 ①。""只要用一种相对简单的思维方式来观察，就能对经济有不错的理解……真正重要的是我们能够往晶圆上放多少东西。"这些简单的经济指标展示了摩尔定律的挑战：相同尺寸的硅晶圆上可容纳的"东西"数量每隔两年便会翻番，

---

① 来自英特尔开发者大会主题演讲。

相当于计算成本每隔两年就会减半。

40 年来，英特尔公司的工程师们直面挑战，驱动着计算成本持续地降低。摩尔定律对英特尔公司的工程师们提出了挑战，那种使公司的创新机器保持高速运转的挑战。每次看似摩尔定律的极限降至之时，就会出现新发明的技术，公司的发展势头得以维持。

挑战让人有机会展现所长，特别是团队成员同心协力去达成意义深远却极其困难的目标的时候。正如作者米哈里·契克森米哈赖在其开创性著作《幸福的真意》（_Flow: The Psychology of Optimal Experience_）中所言：“（人们生命中的）最佳状态通常出现在一个人全身心地自愿投入，试图完成某些困难但有价值的事情的时候。”

只是提供挑战还不够；只有在为人们提供了达成目标所需工具和指引的环境中，我们才会年复一年地遇到挑战。

案例：英特尔公司的硅后验证

英特尔公司的路线图要求每隔两年就要新发布一款尺寸更小的芯片。英特尔公司于 2006 年推出了 65 纳米制程，于 2008 年推出了 45 纳米制程，于 2010 年推出了 32 纳米制程，于 2012 年推出了 22 纳米制程……**首硅**（First Silicon）是任何一款新制程芯片开发过程的重要里程碑。此时，产品已经变成实物，已制出并测试过，设计团队终于可以松口气了。但是，对那些职责就是要证明新产品可以按既定方式工作的工程师来说，首硅则意味着一段紧张的工作即将开始。他们的目标是让新制程的质量达标，满足产品发行资格（Product Release Qualification，PRQ）。当然了，每个人都希望能尽快达标，因为只有这样才能开始进行批量生产（图 2-1 描绘了一代制程的开发周期）。

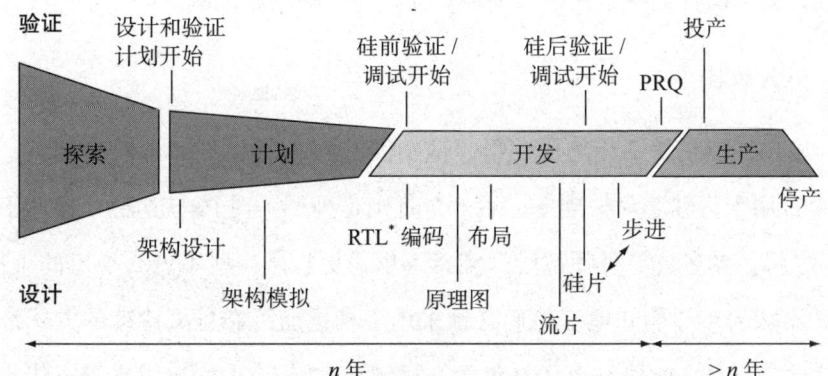

* 寄存器传输级，英文全称为 Register Transfer Level。

图 2-1　设计及验证产品生命周期 [1]

俄勒冈州希尔斯伯勒市的产品开发工程（Product Development Engineering，PDE）团队有数十名工程师在验证新产品。他们习惯了在 2 年的周期中等待新制程首硅的到来，在最后阶段推动产品质量达标。当 PDE 团队拿到充足的新一代产品信息，开始为验证做准备的时候，周期就开始了，这是在首硅预计到来时间的 18 个月之前。

PDE 团队的工作环境是一种传统的嵌入式软件开发环境，早在所需运行的硬件抵达之前，他们就已经编写了大量软件并进行了测试。不仅等待交付生产的产品要测试，测试新产品的系统也要测试。这需要将数以万计的新硅芯片放入系统测试台插槽并运行测试软件，观察新产品是否如预期般正常工作，以及测试系统能否正确地测试新产品。验证需要一丝不苟地

① 来自贾甘纳坦·凯沙瓦（Jagannath Keshava）、纳吉尔·哈基姆（Nagib Hakim）和希纳尔·普鲁德维（Chinna Prudvi）于 2010 年在美国加利福尼亚州阿纳海姆举办的设计自动化大会（DAC）上发表的论文《后硅验证挑战：电子设计自动化和学术环境如何发挥作用》（*Post-sillicon Validation Challenges: How EDA and Academia Can Help*）。经许可使用。

进行，因为产品中的任何缺陷的后果都是极其严重的。一旦测试系统通过验证，就可以将它用于在生产中运行新一代产品的验证测试。

引入敏捷

以往，在整整 2 年的周期里，俄勒冈的 PDE 团队马不停蹄地加班，前 18 个月用于为硅芯片做准备，后 6 个月则是为了实现 PRQ 达标。拼命工作 2 年之后，大多数工程师都已经疲惫不堪，更想做一些不怎么加班的工作。PDE 团队的领导们知道，他们必须采用一种更加可靠且可持续的方式来开发软件，于是在刚刚结束了 2 年的奋战的 2007 年，他们决定在下一代产品上尝试采用敏捷软件开发。

有几个团队在接受 Scrum 培训之后，就照本宣科地用了起来。在熟悉了 Scrum 如何工作之后，他们开始进行调整，以便适应自身情况。PDE 团队中的软件工程师喜欢按 2 周的增量开发软件，因为这可以让他们更好地控制自己的工作。他们可以清楚地告诉高级经理自己能够处理多少个特性和产品变种，提供可用工作量的准确信息，以便高层做出有效的权衡决断。虽然工程师的合理工作时间变得更长了，但工作数量和质量有了显著的提高。这场敏捷试验绝对是成功的。

2 年周期结束时，受可持续的工作节奏的影响，工程师的流失率比正常水平低，这意味着 PDE 团队有更多的熟练工程师可以投入下一代产品的测试工作。下一轮周期开始后，敏捷团队就有时间去改进流程，而敏捷实践也可以继续在 PDE 团队中扩展了。

组建专为模块或子系统设计测试的团队是一个大的变动。直到那时为止，敏捷团队都是针对特定功能域组建的，因此将针对特定硬件芯片或子系统的所有测试收集起来是非常困难的。因此，跨职能团队组建了起来，他们把功能软件（基础设施和工具）汇集为测试模块。这些团队里的工程师们都来自某个功能域，他们把这些功能域的相关技能带进了模块团队。这种做法显著地增进了沟通及模块完整性。

其次，团队投入更多的精力更早且更频繁地集成和测试软件，这带来了双重收益，既提升了质量又减少了开发后期的测试需要。在整整 2 年的周期里，生产力都比前敏捷时期高很多，而 PDE 团队也因为每次都能及时交付几乎零缺陷的软件而闻名。

既然软件如此可靠，测试工程师们开始疑惑为什么他们完成交付后生产部门还需要 1 个多月才能完成代码验证。他们跟生产部门一起绘制价值流图，试图理解是什么造成了延迟。在这个过程中，他们发现，真正用来验证的时间只有 3 天，大多数时间都用来等待收集验证测试所需的大量硅芯片。

仿佛是命运的安排，下一代产品进度落后，迫切需要缩减几个星期的时间，及时交付生产。PDE 经理提出可以将既定进度提前 1 个月，条件是必须确保测试所需的硅芯片和软件同时到位。商务经理们全力支持了这一构想，在开发周期的最后 6 个月里，PDE 团队如约只用几天时间就让软件从开发阶段进入了生产阶段，这让商务经理们有了很大的灵活性。

经过两轮周期总共 4 年的奋斗后，敏捷开发实践运行得很不错。事实上，PDE 团队还因为他们为英特尔公司产品所做的杰出贡献而荣获了企业质量奖。

继续：3 倍生产力

随着下一代产品露出地平线，摩尔定律也追上了 PDE 团队的步伐。英特尔公司的产品设计组非常善于在基础设计上创建多款产品，因此这一代要测试的产品将变得更多。前一代有 3 款主要产品，每款都需要花 3 个月时间进行验证。在 6 个月的验证期里，不管什么时候，PDE 团队手头都只有 2 款产品需要测试（见图 2-2）。但新一代设计将产生 8 款产品，这使得在验证期内的任何时候始终都有 6 款产品需要测试，这可是原先的 3 倍！

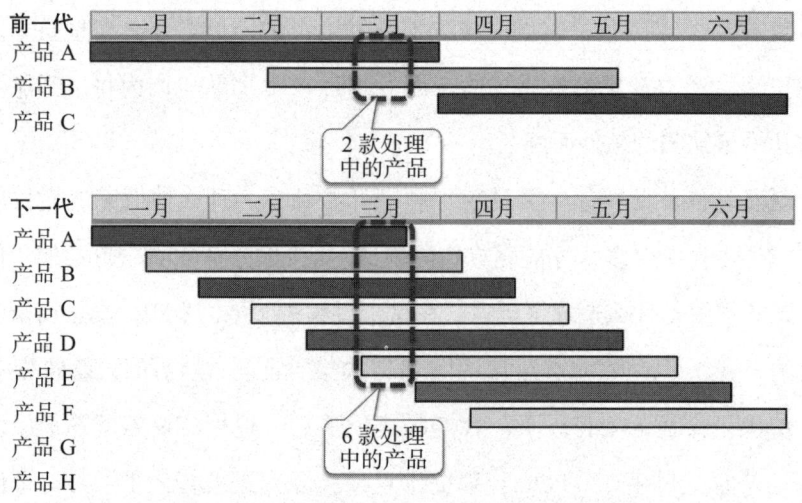

图 2-2　同时测试的产品数量多达原先的 3 倍

由于是同一批人在承担这些工作量，所以必须把生产力提升到原先的 3 倍才行。此外，实验室资金将减少 20%，而客户评估质量当然只能继续提高。好消息是，距离首硅抵达还有 18 个月的时间，PDE 团队还有时间可以想想怎样才能在关键的 PRQ 期间将生产力提升至原先的 3 倍。

你会如何应对这个挑战？PDE 团队抽调约 25 名工程师组建了一个工作组——3X 工作组，特许他们检查 PDE 团队的工作实践、探索以 3 倍速度交付已验证软件的方法。该小组由帕特里克·埃尔维协调，由萨蒙·阿赫默德（Salmon Ahmad）领导，他俩发现工程师们都很渴望接受这个挑战。最终，他们修改了日常流程，迫不及待地想要通过试验找出更好地完成任务的新方法。

该工作组的领导们很清楚，他们必须建立一套规范流程才能达成目标，而他们差不多已经榨干了敏捷实践可以带来的收益。敏捷实践是针对纯软件产品优化的，嵌入式软件开发团队通常都会碰到天花板。PDE 团队需要找到既能涵盖整整 2 年的开发周期，又能应对在大部分时间里没有下一代硅芯片可用的情况的工作方式。

精益产品开发

PDE 团队选用了目标融合公司（Targeted Convergence Corporation）推荐的精益产品开发技术。这些技术会考虑包括硬件和软件在内的完整产品，并为这些动辄需要开发几个月甚至几年之久的产品提供设计策略。它们专注于持续优化决策所需知识、消除"一厢情愿思维"（Wishful Thinking）以及跨团队协调。这些技术包括 LAMDA[①] 学习循环（观看—询问—建模—讨论—行动）、知识简述（Knowledge Brief，指一页纸的知识概要）、套组式设计（Set-Based Design，指研究多种选项以尽可能多地学习和尽可能晚地决策）以及集成事件（Integrating Event，即同步点，在这个时候，所有参与系统开发工作的人们会仔细地评估最新工作成果并做出关键决策）[②]。

3X 工作组启动了 16 个项目，试图找出最明显的问题。每个项目都有一份知识简述和一名导师。项目刚开始没多久，形势就已经变得很明朗，将生产力提升至原先的 3 倍作为高层战略或许很不错，但无法为项目提供切实可操作的目标。生产力既模糊又难度量，项目团队缺少度量进度或判断目标是否实现的方法。

---

① LAMDA 是 Look、Ask、Model、Discuss、Act 五个单词的首字母缩写词。

② 《准备，行动，主导》（*Ready, Set, Dominate*），作者：迈克尔·肯尼迪（Michael Kennedy）和肯特·哈蒙（Kent Harmon）。

阿赫默德仔细地检查是什么造成了环境中的复杂性，他发现每个产品都会产生多个需要测试的变种，例如，不同包装和不同模具位置都需要进行不同的测试。前一代产品有 20 个变种，但下一代产品将会出现 64 个变种。只要项目团队专注于处理变种所需的步骤，他们就有了可操作的目标，更容易判断当前实践与未来所需之间的差距大小，也更容易追踪缩小差距的进展。阿赫默德还发现 PDE 团队应该担起验证测试软件所有新版本的责任。这意味着要在周末的 48 小时内，在一个测试台上运行超过 55 000 个硅芯片。

明确了可操作的目标后，他又把 16 个项目分配到了不同的阶段：

（1）理解需求；

（2）识别知识差距并提出多个可缩小差距的计划；

（3）确立至少一种可行的办法；

（4）从系统视角选择最佳的解决方案；

（5）让解决方案生效。

每个阶段结束时都会举行所有工作组成员参加的集成事件会。这些集成事件会让根因问题相关知识飞速增长，很多团队都发现折磨他们的那些问题也在折磨其他团队。找到可行的方案之后，情况逐渐明晰，它们中的多数都依赖于远在工作组范围之外的事情。仔细地研读知识简述后，埃尔维尔发现了 20 种依赖，并启动了新项目来解决这些依赖。

最大的依赖被找到了，它涉及设备上的一个关键部件 —— 机器手，它应该在 48 小时的验证期内将 55 000 个硅片单元可靠地放入测试插槽。在可行性集成事件会上，团队领导们表示，他们相信机器手能把工作做好，因为技术预测结果表明它做得够快。但目标融合公司的布赖恩·肯尼迪（Brian Kennedy）不接受纸上谈兵的可行性证明。于是，工程师们打算试着运行 1 500 个部件来证明它没有问题，结果他们发现，机器手才处理了 80 个部件就崩溃了！试用、出错、改进，他们花了近 1 年的时间才解决了机器手的问题，让它能有和纸上谈兵时一样的实际表现。

工作组认识到，可行性意味着设想必须在实践中切实可行，于是他们想方设法利用现有的夹具和硅片进行大范围测试。在首硅抵达的前一年，所有人每个星期都聚在一块大进度板前讨论每个项目的进度。渐渐地，项目做完了，. 3X 工作组也系统地清除了浪费。经历过大量的低成本硅前学习后，整个团队自信可以避免出现重大延迟，尤其是处于测试阶段的那些高价货。士气一片高涨，PDE 工程师们感到"难以自信地准备好了"迎接首硅到来。

首硅

为了应对测试软件的预期需求，工作组设计了一个流程，该流程可以在 PRQ 之前的 6 个月内每 2 个星期交付 1 个新的经过验证的测试系统。我们一起来看看吧（见图 2-3 和图 2-4）。

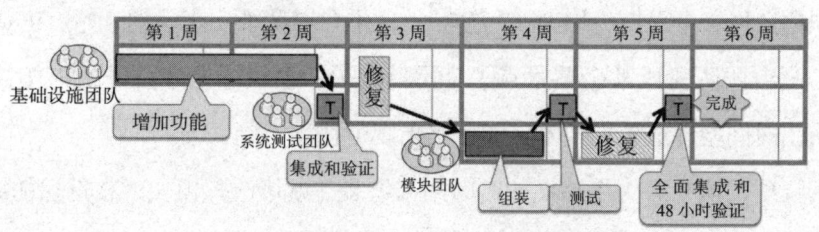

图 2-3 单个测试集的 5 周开发周期

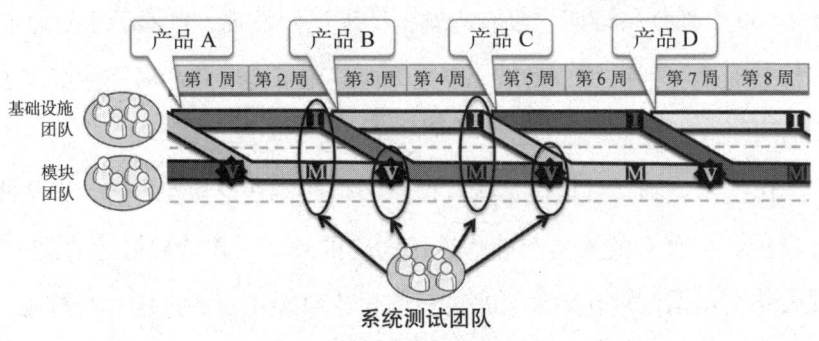

图 2-4　每 2 周验证新测试集

平台：测试系统的核心是一套基础设施和一组工具，你可以把它想象成测试平台。每 2 个星期结束时，负责平台的团队都会给它增加几个新功能。通常来说，这些团队都是单一职能团队，专注于平台某个特定的技术领域。系统测试团队会在周末时将这些成果集成到测试系统中，并进行验证。万一真的出了什么问题，那么下个星期最首要的工作就是修复它。然后，职能团队继续开始下一轮的 2 个星期的迭代。

模块：也有一些跨职能团队负责把模块跟基础设施和工具组装起来，用于测试特定的硅芯片配置，你可以把模块视为运行在平台上的应用程序。模块团队以 2 个星期为周期进行迭代，比平台团队晚 1 个星期开始。也就是说，平台团队完成某个技术点 1 个星期之后，模块团队才会开始工作，以便留出时间验证最新的技术点并修复出现的任何问题。

模块团队只有 1 个星期的时间用来组装（或修改）模块，在迭代的第 1 个周末通过硅芯片的短程运行对模块进行逐个测试，第 2 个星期的前段被用来修复出现的任何问题。一旦所有模块都已完工且并无缺陷，完整测试系统也会很快集成完毕并开始进行 48 小时的全面验证。经过如此多道模块测试程序之后，在最终验证时极少会发现模块缺陷。但还是会有一些问题在大批量测试时被暴露出来，这时就得赶在新模块开发之前，在下个星期的刚开始几天把它们解决掉。

集成和验证： 集成团队以 2 个星期为周期运转，大部分工作都集中在周末的集成和验证上。在第 1 个周末，他们集成平台团队的技术点，同时通过硅芯片短程运行验证新模块。在第 2 个周末，他们全面集成并执行 48 小时的验证测试，机器手负责将上万件芯片稳稳地放入插槽，确保测试的各个方面都能完成验证。如果发现任何问题，集成团队就会在下个星期刚开始的几天跟相关团队一起把问题解决掉。每个问题都要做根因分析，还要采取措施防止再次发生。总体来说，集成团队不是要去找出问题，而是应该找不到问题。

结果

首硅抵达后，事情进展得极为顺利。相比 2 年前，交付能力提升到了原先的 3 倍还多。事实上，与引入敏捷开发之前相比，情况已经改善了非常多。引入敏捷开发后，测试成功率已经变得相当不错，这次又上了一个新的台阶。

不过，在这 2 年的周期里也发生过一些让 PDE 团队措手不及的事情。市场状况促使公司为新一代硅芯片增加了很多最初计划之外的产品。结果，就连 3 倍生产力也变得不太够用了。通过增派人手、延长工作时间，PDE 团队最终扛下了这些计划之外的高工作量，这多亏了他们的快节奏和严格验证机制的巨大帮助。

在英特尔内扩展

俄勒冈的 PDE 部门花了很多年持续改进才达到了现在的水平,而且毫无疑问还会继续有更多的改进。但 PDE 团队只是一家非常大的公司里面的一组工程师而已。下一步要做的是通过高层支持和实地辅导将所获经验散播出去。英特尔公司正在建立公司级和站点级的敏捷能力中心,它们将协调实践社区并提供资深教练,以支持并加速已改进流程的推广,英特尔公司需要借此追赶摩尔定律和快速变化的市场的脚步。

奥托:你也许会认为,PDE 团队已经把能改进的地方改进得差不多了。在下一个周期中,他们怎么维持改进的步伐呢?

作者:我们不知道 PDE 团队在下一个周期会做些什么,但是既然数十年来英特尔公司一直在做看似不可能的事情,我们就假设他们会想到办法吧。在英特尔公司,你总能找到那种渴望迎接挑战并发明更好的工作方式的工程师。

关于专长的科学

想想音乐家和运动员,他们是怎样成长为大师级或冠军级人物的呢?练习。从安德斯·埃里克森开始,数十年的研究都得出了相同的结论:专长是长时间刻意练习所发展出来的。刻意练习是什么呢？继续想想那些音乐家和运动员。他们：

（1）决定追逐一个具有挑战性的目标；

（2）在教练的指导下练习；

（3）挑战自身极限、失败并得到即时反馈；

（4）一遍又一遍地重复，每天数次，持续数年。

实现组织精进的必要元素与此并无太大差别。成了所处领域大师的那些卓越组织，同样遵循着这样一个公式：

专长 = 挑战 + 辅导 + 进展 + 坚持

挑战

有些人是乐观主义者。他们满怀热情地追逐目标，当需要尝试新事物时，他们的第一反应是："太棒了！"相比于更加悲观的同事，他们甘冒更大的风险，探索更多的可能，最终也更有创造性。那些悲观主义者则更谨慎、更追求细节，也更不愿意犯重大错误。当需要尝试新事物时，他们的第一反应是："安全吗？"多思考当然没什么错，怕犯错的人都很小心，他们看重准确度，不会让事情出现意外。或许你会把乐观主义者视为持有"肯定能行"态度的人，把悲观主义者视为"失败是不可接受的"理念的信徒。在数字世界里，为了大家好，我们往往会让乐观主义者负责开发软件，让悲观主义者负责运行数据中心。

哥伦比亚大学的研究员特洛伊·希金斯（Troy Higgins）认为，乐观主义者是**提升导向**的人，他们更关心有没有收获；而悲观主义者是**预防导向**

的人，他们更关心有没有损失[①]。人们在不同时期的导向取决于不同的目标。例如，一个志向远大的目标会开启人们的提升导向，他们渴望为了这个目标而奋斗，取得进展的意愿也非常强烈。一个涉及职责和义务的目标则会开启人们的预防导向，他们会变得很警惕，他们的动力来自于避免做错事情的强烈意愿。

那么，提升或预防，哪个更好呢？希金斯提出了**调节适配理论**（Regulatory Fit Theory）。该理论认为，人们在年幼时就已经掌握了自己的倾向，在面对最吻合自身"固有导向"的目标时，他们表现最佳。换句话说，一些人更积极地追逐机遇，另一些人则更积极地预防失败。希金斯的理论认为，最好的做法是把志向型目标交给习惯性提升导向的人，把重视安全和保密的目标交给固有预防导向的人。当然，这并不是绝对的。假设一个小孩站在路边，犹豫着要不要穿过马路，此时期望她选择预防导向、注重安全是理所当然的。然而，等她安全地走过马路之后，乐观型的孩子就会渴望更广泛地探索不同的地方，也不会太介意偶尔经历挫折。

关于调节匹配，要铭记的一点是：对于提升导向的人，志向是其主要动力；对于预防导向的人，履行义务和畏惧失败是其主要动力。

悲观主义者的目标

我们再从提升导向和预防导向的角度来看英特尔公司的案例。英特尔公司的 PDE 团队显然是预防导向的。毕竟，他们的职责就是创建测试来验证新产品的质量，他们的成功意味着坏产品永远都无法逃过测试。对他们来说，时间紧迫是

---

① 《美国心理学家》1977 年 12 月刊文章《超越愉悦和痛苦》（*Beyond Pleasure and Pain*），作者：特洛伊·希金斯。

肯定的，但关键还是要确保任何有缺陷的芯片都不会逃过他们的验证系统。这是一个很有意义的挑战。

很多人都在从事主要以预防为导向的工作，如急救人员和医务人员、基础设施维护人员以及保护我们安全的人。相关研究显示，预防导向型挑战也可以是非常有驱动力的：减少因感染而死的人数，维持公司数据中心 7×24 小时运行，每天克服种种意外磨难按时发行新闻报纸[①]。对于这类目标，挫折更有可能激发人们加倍努力而不是打击他们，因为最高目标是不要失败。让人颇为惊讶的是，对那些追逐预防导向型目标的人们来说，称赞更有可能会导致他们松懈下来，甚至不再那么努力。在追逐预防导向型目标时，至关重要的是时刻保持警惕，关键是要持续改进。

乐观主义者的目标

现在，我们再换一个不同的角度来看英特尔公司的案例。在很长一段时间以来，英特尔公司的最大动力就是紧追摩尔定律，这很显然是一个提升导向型目标，也是数十年来设计者面临的一贯挑战。这就是那种可以激发创造力、鼓舞人们想方设法更上一层楼的挑战。如果你渴望寻求创新，提升导向型目标就是你的前进方向。尽管英特尔公司的 PDE 部门本质上是预防导向的（目标是防止不良产品流入市场），但他们接受了将生产力提升至原先的 3 倍这样一个提升导向型目标的挑战，这恰恰代表了这家公司的改进精神。

期望价值理论是关于动机的理论，该理论认为，在追逐提升导向型目

---

① 《成功：我们如何达到我们的目标》（*Succeed: How We Can Reach Our Goals*），作者：海迪·格兰特·霍尔沃森（Heidi Grant Halvorson）。参见第 4 章《乐观主义者和悲观主义者的目标》（*Goals for Optimists and Goals for Pessimists*）。

标时，动机是成功可能性（期望）和收获大小（价值）的函数。当追逐远大目标时，一旦成功可能性有所降低，人们就可能会气馁，因为对动机来说，相信成功触手可及的信念是至关重要的。不过，如果认为很容易就能获得成功，那就是另外一回事了。如果人们认为自己不用艰苦奋斗就能获得成功，他们很可能会在第一次感受到情况不对时就打退堂鼓。因此，对提升导向型目标来说，必须确保人们既能看见成功之路也能理解仍需艰苦奋斗才能达成目标[1]。

给挑战定性

这时，你或许会问："一个好的挑战是什么？它是什么样的？"我们首先要确定如何给这个挑战定性：是救公司于危难的挑战，还是助公司更上一层楼的挑战？这两个挑战可不太一样。

对那些救公司于危难的预防导向型挑战来说，重点在于让人们相信失败的威胁确实存在，而且他们必须关心此事。人们倾向于关心同样关心他们的公司，一旦他们认为自己关心的公司受到了威胁，他们就会挺身而出，迎接威胁带来的挑战。也就是说，预防导向型挑战可以号召公司成员们协助避免犯错（防止有缺陷的芯片流出工厂）或者抵抗竞争威胁。

对那些助公司更上一层楼的提升导向型挑战来说，重点是要让人们觉得目标既有意义也有可能实现，同样重要的一点是目标要难以达成。太多的时候，公司总想着找到一个简单的"银弹"（Silver Bullet）就能解决问题，但事实上，在碰到第一个困难时，这种认为事情应该很简单的思想反而容易让人气馁。因此，你应该追逐可以达成但也需要大量智慧和创造力才能

---

[1]《成功：我们如何达到我们的目标》，作者：海迪·格兰特·霍尔沃森。参见第 1 章。

达成的目标。同时，目标还应该是人们认为有意义、值得他们积极追求的。英特尔公司对摩尔定律的追逐就是一个很好的例子。

调节适配会导致创新问题吗

一般来说，公司越大，损失也就越大，因此大型公司更倾向于规避风险。大多数大型公开上市公司天生就有极强的预防导向，其领导者也更容易受到向公司利益相关者负责的想法和犯错恐惧症的驱使。当这些预防导向型公司决定采纳提升导向型目标（如创新）时，就会发现组织的习惯性预防导向与颠覆式创新的远大目标并不合调，因此也就只能对现有产品或流程做一些小的改进了。

因此，大公司之所以会出现创新不足的问题，极有可能就是因为其调节适配是错误的。这些公司已经发展出了极强的预防导向，然而重大创新迫切需要的却是提升导向，两者非常不合调。除非这些预防导向型公司可以在内部化解满足于现状的威胁，否则就算启动了一些孤立的、畏首畏尾的创新，它们也不大可能生根发芽。

应对调节适配问题有 3 种方法。

（1）公司的顶层领导者改变其调节适配（即企业文化）。

（2）公司里的人们能够切实感受到创新失败和内化"创新是生存策略"失败所产生的威胁。

（3）公司拆分为两个阵营：一个是固有预防导向的，一个是习惯性提升导向的。

先看第一个选项，改变企业文化真的很难做到。再看第二个选项，因为创新是生存问题所以必须创新，这看起来相对容易一些。最简单的方法通常是把创新业务剥离出来，单独地放在一个采纳提升导向型目标和度量指标的组织里，这差不多等同于创建一家内部创业公司。我们会在第 5 章继续讨论这个话题。

　　安娜：为什么挑战必须对工作者有意义呢？对公司有意义的目标有什么问题吗？

　　作者：挑战绝对应该是对公司有意义的，但人们却很难为提升股东价值这种目标而全身心地投入。只有人们认为重要的那些事情才能激发他们，比如，每隔 2 年让计算机性能翻倍（英特尔公司）或者致力于帮助人们保持健康（默克公司）。

辅导

　　想象这样一种情况，领导者有宏大战略，员工们有执行意愿。还会出什么问题吗？一切皆有可能。拥有正确目标或许能推动你朝着目标的方向前进 10% 的距离，但也就这么多了。到那时，你拥有的就是被尼罗弗·麦钱特（Nilofer Merchant）称为"**空心三明治**"的东西：

　　　　空心三明治描述的是一种策略，顶层有清晰的愿景和未来的方向，基层有每天的行动措施，但中层却空无一物，没有充实的关键决策来连接这两层，也没有丰富的中间填充物来协调公司的新方向和新行动[①]。

[①] 《协作战略》（*The New How: Building Business Solutions through Collaborative Strategy*），作者：尼罗弗·麦钱特。

在英特尔公司，PDE 团队的领导者们发现，要获得 3 倍的生产力，3X
工作组需要的不只是挑战。团队成员们需要将它转化为可操作的目标。他
们需要一个严谨的流程来达成目标。他们需要一种方法来确保跨团队学习。
他们需要可视化的状态图表和进度检查点。他们需要用局外人的观点来教
育软件开发人员：在面对硬件时，仅靠纸面计算是不够的。他们需要有人
去关注被遗漏的事情，也需要有人围绕暗藏的依赖创建更多的项目。这就
是高层战略与工作组团队所做的工作之间的"那块肉"。

如果你也认为你所在的组织跟音乐家或运动员一样，要想达到技艺精
湛的水平就必须具备一定的条件，你就会很清楚自己常年都需要一个教练。
或许在将来的某个时刻，你会超越所有的教练，转而采用自行刻意练习的
方式，但对大多数普通人来说，那已经是遥远的未来。教练、老师和导师
是帮助组织获得成功的关键角色。

但要小心，因为教练角色的制度化可能会让你惹上麻烦。公司往往
会选择单独增设一个不担责的教练角色，而没有考虑将直线经理（Line
Manager）和团队负责人的既有角色重构为老师和教练。公司若在既有汇报
结构上增设教练角色，通常会发现教练和直线经理的工作差不多，这意味
着其中一个是多余的，而且多半**不是**那名直线经理。

你可以把教练想象成这样一种人，他们可以基于自身经历提炼出大量
的经验教训，指引那些刚刚上路的组织向前迈进。如果足够聪明，他们会
专注于将知识传授给当地的领导者，让这些领导者将来可以成为所在组织
的教练。

奥托：你的意思是说工作团队不需要教练吗？

作者：团队的确需要教练。我们的意思是，教练通常就是现在的经理；而且，事实上成为教练就应该是经理工作的一个关键部分。

进展

特雷莎·阿马比尔（Teresa Amabile）和史蒂文·克雷默（Steven Kramer）称："真正懂行的视频游戏设计师知道如何在游戏关卡中为玩家创造一种取得了进展的感觉。真正懂行的经理们也知道如何为团队做同样的事情[①]。"若干年前，他们开始研究知识工作者的激励因素。为此，好几家公司的知识工作者（如工程师和程序员）坚持写工作日记，记录自己每天的思考。分析完这些数以千计的日记文章之后，他们得出结论：知识工作者每天的最大动力就是**在有意义的工作上取得进展**。

听起来显然就应该如此，对吧？但请注意下面一点。阿马比尔和克雷默找了 600 多名经理，让他们给员工的 5 大激励要素排序，这 5 大激励要素分别是认可、奖励、人际支持、取得进展的支持和明确的目标。经理们

[①] 《进步原则：用小的胜利来点燃工作中的喜悦、投入和创造力》（*The Progress Principle: Using Small Wins to Ignite Joy, Engagement, and Creativity at Work*），作者：特雷莎·阿马比尔和史蒂文·克雷默。

将**认可**排在第一位，而将**取得进展的支持**排在最后一位 [①]。如果他们向音乐老师、武术教练、运动员教练、研究顾问提出相同的要求，你觉得结果会是怎样的？这些导师们早已懂得，只要**保持进步**、有进展，人们就会日复一日地辛勤工作。他们知道，时不时的认可是一件好事，人际支持会有帮助，清晰的目标必须跟反馈结合起来使用，而奖励则是毒药。他们还意识到，除非学生们体验了稳定的进展，否则时间一久，这些要素都不能持续地激发学生们。

在几乎所有的注重精湛技艺的领域里，进度的激励效应已是众所周知，但看起来大多数经理人却已经将其遗忘。但是，它是有意义的。这也是为什么把大目标（提升生产力至原先的 3 倍）拆成小目标（展现出可以每 2 个星期为 XYZ 测试增加 6 个特性的能力）并让进度可见是一种不错的做法。不要把衡量进度视为控制机制，把它视为激励机制，你将创造一种完全不同的氛围。

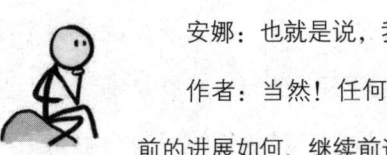

安娜：也就是说，我们喜欢看的那些进度图表都是好东西？

作者：当然！任何可视化工具，只要能够引导人们探讨当前的进展如何、继续前进需要做的事情，就很棒。事实上，每天或每周围在可视化进度图表旁边开会，以保持进度可见及团队成员们相互同步信息和做出承诺，这种做法在很多行业里已经使用数十年之久了。

---

① 《哈佛商业评论》2010 年 1 月刊文章《哈佛商业评论清单：2010 年的突破性想法》（*The HBR List: Breakthrough Ideas for 2010*）中的 "什么真正激励着工作者"（What Really Motivates Workers）一节，作者：特雷莎·阿马比尔和史蒂文·克雷默。

毅力

史蒂文·海因（Steven Heine）和同事们在日本和北美开展了关于毅力的比较性研究[1]，他们发现，文化对激励人们坚持应对挑战的影响力很大。在西方文化中，尤其是在北美，人们倾向于坚持从事他们擅长的任务。失败很可能会导致他们放弃任务。在日本，或者把其他东亚文化也算上，他们发现情况恰恰相反，失败更有可能提升人们的动力并促使他们更加努力地工作。现在，估计你也猜到了背后的原因。研究人员指出，北美人多为提升导向，他们喜欢追求收获；而日本人则更倾向于预防导向，重点是不要辜负期望。

 我们来仔细地研究一下北美或西方容易受到失败结果打击的倾向。我们知道，失败并不必然会打击那些有着远大目标的人们。比如，音乐家们知道，如果在练习时间追求完美的表演，就是在浪费自己的时间。所以，他们每天都会花上好几个小时挑战极限、犯错并从错误中学习。高水平运动员也是如此，习武者也是如此。不过，对他们来说，进度大多是通过能力达到下一级来体现的，而不是通过比较不同的个体。所有人都理解，达到下一级的方式就是练习，而某些人是否比其他人更快地达到下一级并不重要。只要你练习得足够努力，你就能达到下一级。

如果我们不去认可人们当前的成就，而是非要给他们排个高低上下，

---

① 《人格与社会心理学杂志》（*Journal of Personality and Social Psychology*）2001 年第 81 卷第 4 期文章《在日本和北美成功和失败的不同结果：自我改善动机和可塑自我的调查》（*Divergent Consequences of Success and Failure in Japan and North America: An Investigation of Self-Improving Motivations and Malleable Selves*），作者：史蒂文·海因等。

就很难激发他们的动机。但是，西方文化似乎非常需要给孩子评级，给职场中的成年人画一条略微倾斜的钟形曲线。所以说，学校和职场并不期望我们去挑战极限和犯错，因为这只会让我们拿到更低的评级或分数。你或许会感到好奇，为什么西方文化觉得对人们进行比较和排序很有效，即使大量的证据都证明事实与之相反①。

　　一个既有意义又有难度的目标是很振奋人心的，如赢得跆拳道黑带。中间的短期目标，如赢得彩色腰带，也能让人很有干劲。但是，真正需要日复一日坚持的则是练习、练习、再练习。人们必须做到持续练习、稳步改进，才能坚持下去。

　　　安娜：如果我们不对人们进行排序，那么我们应该做些什么呢？

　　　作者：最佳的升迁体系是级别（Level）体系，而非排序（Ranking）体系。每一个职位或级别都有职位描述，介绍了升至该级别的要求。通常来说，更高级别意味着更多的独立工作、承担引导他人工作的职责等。如果人们无须为了升迁跟同僚竞争，升迁仅代表此人已经具备下一级的水平，而且人们可以预期自己将会得到升迁，那么升迁体系将会很有效。

　　　奥托：我曾见过很多人成为专家，可是别人却拒绝相信他们的专业能力。你怎么知道一个人何时成了真正的专家呢？

---

① 　特别推荐《哈佛商业评论》2006 年 1 月刊文章《基于证据的管理》(*Evidence-Based Management*)，作者：杰弗里·普费弗和罗伯特·萨顿（Robert Sutton）。

　　作者：这是一个好问题。该不该相信别人的直觉或专业能力是近来很有争议性的一个话题。让我们来仔细地研究一下这个问题。

我们何时可以相信直觉

　　在心理学领域，一场有趣的辩论正在进行，其探讨的是我们如何知道自己能否信任一名专家。一方面，丹尼尔·卡尼曼花费了数十年时间设计试验，以求展现认知偏差现象，即直觉诱骗我们做出次优决策。另一方面，加里·克莱因在整个职业生涯中都在研究从事高风险工作的专家们，他得出的结论是，发展并仰仗专家的直觉对很多工作来说是至关重要的。这两位直觉和决策领域的专家花了 7 年的时间才找到足够多的共同点并合写了一篇论文 [1]，以此作为对"在什么情况下专家直觉值得信任"这个问题的共同解答。

　　下面，让我们来快速地了解一下他们所做的工作和结论。

认知偏差

　　丹尼尔·卡尼曼和阿莫斯·特沃斯基（Amos Tversky）从 1969 年就开始研究直觉工作方式。他们的试验表明，直觉在复杂情况下的表现并不好，

---

[1] 《美国心理学家》2009 年 9 月第 64 卷第 6 期文章《直觉专长的条件：无法赞同的失败》（*Conditions for Intuitive Expertise: A Failure to Disagree*），作者：丹尼尔·卡尼曼和加里·克莱因（Gary Klein）。

但快速思考的大脑还是会做出判断，把偏见带入决策。揭示这些直觉偏差或认知偏差，可以将主张大多数人在大多数时间都会做出理性决策的理论打入死牢。2002 年，卡尼曼因此而获得了诺贝尔经济学奖[①]。

前文探讨过系统一和系统二这两个思考模型，卡尼曼的著作《思考，快与慢》讲的就是关于它们的故事。这里简要复述一下，系统一（或快思考）是我们的直觉在发挥作用。在大多数情况下，直觉会运用一组捷径、规范、均值或模式评估当前的情况并得出结论。如果我们发觉这些结论不够好，我们就会切换到系统二（或慢思考），做准备工作、查看证据、计算并做出理性决策。

问题在于，慢思考比较懒，所以我们总是尽可能地频繁使用快思考。我们并不真的想知道所有的可选项，而是宁愿让快思考模型来处理各种情况。事实上，这是很有必要的，因为调动慢思考模型处理所有或大部分决策的消耗很大，我们没有那么多的精力。但问题在于，按照卡尼曼的说法，即便已经知道这些偏差的存在，我们也没有意识到直觉偏差对快思考自身是有影响的。

认知偏差让学习变得困难，因为我们使得失败难以被发现。我们强烈地偏信自己选择的任何路径都是最佳路径，即便其他人都认为目标很显然是错误的，也不太可能会动摇我们追求所选目标的决心。尽管对别人的失败很敏感，但我们却偏向性地忽视批评意见，对自己的失败视而不见。

从理论上来讲，基于证据的决策应该能克服我们的认知偏差。但是，收集和审查证据需要动用慢思考，而慢思考是很艰苦的工作，所以我们总是想要避免慢思考。而且，即便检查了证据，一旦发现证据与我们的预期

---

① 如果 1996 年特沃斯基没有过世，那么他毫无疑问会共享此奖。

相悖，确认偏差就会现身并用解释把证据抹去。所以说，即便收集了数据，也做了分析，仍不能保证我们会甩开认知偏差，做出客观的决策。

应对认知偏差

在《决断力：如何在生活与工作中做出更好的选择》（*Decisive: How to Make Better Choices in Life and Work*）一书中，奇普·希思（Chip Heath）和丹·希思（Dan Heath）介绍了用来应对认知偏差的大量技巧。首先，他们认为，应该为重大决策准备一组可选方案。如果你发现自己在思考"我们应该还是不应该"，就说明你把选择限缩到了仅有一个。如果你正要做出"要么/要么"的决定，就说明你把自己的选择限缩到了仅有两个。奇普和丹认为，这是青少年喜欢的决策方式，但在制定具有极高影响度的企业决策时可不能这样做。

你要找到更多的选项，即便它们看起来不如最受欢迎的选项那么有吸引力。别直接划掉那些不合你意的选项，你可以问"我们要怎样才能接受这些选项是一个好的选择"，或者问"如果我们想到的所有选项**都不可行，接下来**应该怎么办"。

除了增加选项，希思夫妇还建议通过运行快速试验和鼓励分歧对假设进行现实测试。他们建议，你最好从状况中脱身，从远处观察它。最后，如果你正走在一条大多数先行者已经失败的道路上（比如，你正打算开始创业），那就接受现实吧，你失败的可能性跟前人一样。所以说，做好准备犯错吧。

专家直觉

关于认知偏见的研究揭示了我们大脑工作方式的重要真相，加里·克莱因也认可这一点，但他并不认同卡尼曼对直觉的不信任。他指出，卡尼曼的试验都是用新手在人为制造的情境下通过受控场景完成的。克莱因研究了那些需要在不可预见的情境中快速做出生死决定的人们，如消防员、护士和军人。比较了新手和专家的反应之后，他惊讶地发现，专家的能力超强，他们可以在困境中做出一流的决策。他的结论是，应该通过训练和体验让新手去接触那些仅靠直觉必然会失败的场景，只有这样他们才能从错误中学习并提高自身的专业能力。

那么，专家是如何依靠直觉来做决定的呢？根据克莱因的说法，有经验的消防员在抵达火场后，问的第一个问题不是"**我该做什么**"，而是"**情况怎么样**"。他们的大脑中有关于不同火场情况的思维模型，他们会试图从中找出跟现状最相似的那一个模式。找到匹配的模式之后，他们就会得出一个可选的行动方案。他们会在大脑中设想选择这个方案可能会出现的结果，如果结果还不错，他们就会选择这个方案。接着，他们会监视现场情况，观察该方案是否有效，如果无效，就重新评估。最后，处理完紧急情况后，他们还会进行复盘并从失误中学习，进一步丰富自己的思维模型。

克莱因讲了一个中尉率领手下扑灭厨房大火的故事[1]。火势的反应跟他的预期不同，情况不对劲，所以他命令所有人立即离开这栋建筑。他们刚一离开，先前站立的楼层就塌陷并掉进了燃烧中的地下室。中尉是怎么知

---

[1] 参见《权力的来源：人们如何做决定》（*Sources of Power: How People Make Decisions*）中的实例 4.1，作者：加里·克莱因。

道情况不对劲的呢？中尉观察火势已经很多年了，对于一栋房子的不同燃烧方式，他已经构建了丰富的思维模型。但是，眼前的火势跟已有的思维模型全都匹配不上。他意识到自己并不了解现场状况，因此继续待在房子里让他感到非常不安。所以，他命令所有人离开，时机刚刚好。

假设换成经验不足的人，在同样困难的情况下，他们的决策方式也是一样的。由于缺乏那些思维模型，他们只有非常有限的方案可选，在设想场景时发现潜在问题的能力也很有限，在进展不利时监测状况的能力也很有限。训练这些新手的最佳方式就是依靠导师和场景模拟来帮助他们建立丰富的思维模型。

根据克莱因的说法，要求新手遵循标准流程以避免犯错是确保他们**不会**发展成专家的好方法。对于那些复杂、紧急、受威胁的状况，教会人们如何从错误中恢复远比专注于确保他们从一开始就不犯错更加保险。克莱因说："我们过于强调减少错误，却对培养专业能力不够重视①。"

安娜：所以，你的意思是，如果我想让自己安心、想看到人们做出正确的决定，就要让人们形成针对不同状况的丰富的思维模型？

作者：没错。你还得确保这些人已经准备就绪，可以应用他们的专业能力做出决策并指挥行动。

安娜：但我怎么知道可以信任哪些专家呢？

---

① 《路灯与阴影：寻找自适应决策的关键》（*Streetlights and Shadows: Searching for the Keys to Adaptive Decision Making*），作者：加里·克莱因。

> 作者：加里·克莱因和丹尼尔·卡尼曼都认为，那种可以被信任的专业能力都是在一种相对受约束的环境中形成的，那种环境可以为决策者提供关于决策效果的可靠反馈①。例如，急诊室医生很擅长做关于紧急医疗状况的决策，但他们通常都不具备长期诊断的专业能力，因为他们通常都不会长时间地关注病人状况以检查诊断是否正确。

弹性

发展专业能力的实践情况如何呢？《弹性工程：学会拥抱失败》（*Resilience Engineering: Learning to Embrace Failure*）一文讲述了一个不错的例子②。作者杰西·罗宾斯（Jesse Robbins）在这篇文章中介绍说，消防员培训经历促使他说服了他供职的公司（亚马逊公司），该公司接受了这样一个观点：维持复杂系统持续运行的最佳方式并不是让它们变得完美，而是让它们变得有弹性。为了做到这一点，他发起了游戏日（Game Day）活动，他们会故意拔掉某个数据中心的插头（或类似的自身故障失效），从而触发该活动。在一场典型的游戏日活动中，可能需要十几个人投入两三天时间才能让系统恢复正常的工作状态。等到一切运转如常之后，他们会再做一次详细评审并记录活动暴露出来的依赖关系和流程中的薄弱环节，它们中的大多数都会被很快地修复。而且，参与紧急状况响应的人们还会利用反

---

① 参见文章《直觉专长的条件：无法赞同的失败》，作者：丹尼尔·卡尼曼和加里·克莱因。

② 参见《美国计算机学会通讯》（*Communications of the ACM*）2012 年 11 月刊文章《弹性工程：学会拥抱失败》中杰西·罗宾斯与克里帕·克里什南（Kripa Krishnan）、约翰·奥尔斯帕（John Allspaw）和汤姆·利蒙切利（Tom Limoncelli）的讨论。

馈来构建自身的专业能力。

不断打破现状、寻找潜藏的问题，并学会如何从所有复杂系统都必将经历的失败中恢复，才能逐渐地构建弹性。从严重故障到简单失误，这种测试都能挖掘出来。相当多的问题源自产品开发流程，所以，单次事件的学习成果可能会对公司产生极大的影响，足以改变从设计标准到测试方式的一切。

其他拥有超大型数据中心的公司也会举办类似的活动，如谷歌公司。久而久之，这些练习就会构建让公司可以坦然应对庞大复杂性所需的学习、自信和弹性。根本不要考虑完美，因为完美是不可能的。根本不要想着宣告胜利，通过故障注入（Failure Injection）进行学习是永无止境的持续改进之旅。人们发展了自身的专业能力，收获了自行处理宕机所造成的混乱局面的信心，公司的系统和流程也变得更能抵抗灾难了。

完美的悖论

一开始，人们很难接受故障注入活动。大家普遍认为数据中心就不应该发生故障，用可保证的上线时间百分比来度量的话，它应该达到100%。人们认为，能彻底消除宕机时间的数据中心才是卓越的数据中心；看起来，担忧数据中心能以多快的速度从本不该发生的故障中恢复似乎不太合适。故意制造一次可能会产生严重后果的故障实际上是非常有风险的，而且代价十分高昂，这些练习会牵涉很多人，他们必须夜以继日地工作好几天。

通过故障注入构建弹性的公司需要理解两个基本事实。

（1）在大型的复杂系统中，完美是不可能的。故障发生概率再低也没用，交易规模如此庞大，唯一的真正问题不是会不会发生故障，而是什么时候会发生故障。

（2）发展快速、安全地从故障中恢复的专业能力远比预防故障省钱。

在复杂的背景下，完美并非正确目标，弹性才是更好的目标，公司需要彻底转变其企业文化才能接受这样的观点。而且，弹性既基于专业能力而建，又能构建专业能力。

待思考的问题

1. 业绩评估及薪酬制定似乎出现了两种风格。其中一种认为才能是人与生俱来的资产，另一种则认为人们可以通过刻苦努力和积累经验显著地提升自身的才能。诚实且辩证地审视你们公司的实践，你们公司的风格属于哪一种？

2. 观察你们的产品开发工作随时间变化的产出情况，到底是呈现稳定提升的态势，还是在某次成功变化之后人们就差不多已经满足了？为什么？你做了什么来维持稳定的进展，或者你可以做些什么呢？

3. 如果让你选择一个挑战去激发组织成员，让他们产生最佳表现，你会选择什么？

4. 教练或导师在你们组织中扮演什么样的角色？如果你能彻底地重新设计这个角色，它会有所不同吗？

5. 你采取过什么措施为工作者们创造一种稳步进展的感觉吗？效果怎么样？你是怎么知道的？

6. 你们组织的衡量标准和相关实践反映了哪一种倾向，是偏好快速修复还是挑战长期目标？

7. 你们公司如何看待专业能力？怎么发展专业能力？内部专家是否获得了信任？外部专家是否地位更高？

8. 你们公司有没有一个可以在决策时消除认知偏差的流程？效果怎么样？如何改进？

9. 在你们那里，在什么情况下使用故障注入会是一个好办法？

10. 你认为在你们组织里有多少比例的人可以被归类为"被激发的"？哪些实践团结并激发了这些工作者？

第三章

满意的客户

—
THE LEAN MINDSET
ASK THE RIGHT QUESTIONS
—

　　西方人和日本人在谈论决策的时候，意思往往是截然不同的。对我
们西方人来说，重点都在答案而非问题上……然而，对日本人来说，对
问题下定义才是决策的重要元素[1]。

——彼得·德鲁克

问对的问题

　　互联网或许是开启了信息时代的平台，但在一个世纪前，内燃机是开
启了运输时代的平台。让时光倒流回到 19 世纪 90 年代，你会看到无数的
汽车制造商试图摸清楚汽车行业发展的终极模样。你会发现，人们把引擎
装在气球上，试图弄清楚哪种空中旅行方式是可行的。你还会发现，有些
勇敢的科学家正在梦想着发明比空气更重却能像鸟儿那样飞翔的飞行器。

---

① 《哈佛商业评论》1971 年 3-4 月合刊文章《我们可以从日式管理中学到什么》（*What We Can Learn
from Japanese Management*），作者：彼得·德鲁克。经许可使用。

学会飞行

其中一位梦想家是德国工程师奥托·李林塔尔（Otto Lilienthal），他建造并驾驶滑翔机，飞行记录超过 2 000 次。1896 年，他因滑翔机坠机事故而英年早逝，在此之前，他出版了一本极具影响力的著作《鸟类飞行：航空的基础》（*Birdflight as the Basis of Aviation*），这本书详尽地记录了关于机翼形状和升力测量的信息。另一名航空业先驱是法国出生的美籍工程师奥克塔夫·沙尼特（Octave Chanute），他设计滑翔机并在密歇根湖多风的南岸进行测试。美国史密森学会（Smithsonian Institution）的秘书长塞缪尔·皮尔庞特·兰利（Samuel Pierpont Langley）建造了一架蒸汽动力的比例模型滑翔机，在 1896 年试飞时，该滑翔机飞行了超过 1 公里的距离。1903 年，他依此设计建造了一架有人驾驶的滑翔机，结果却坠入了波托马克河。幸运的是，飞行员会游泳。

与此同时，美国俄亥俄州代顿市的一家自行车店的店主两兄弟——威尔伯·莱特（Wilbur Wright）和奥维尔·莱特（Orville Wright）受到先驱者们的启发，认定滑翔会成为一个很有意思的爱好[1]。他们研究了他们可以拿到的所有材料，最后，威尔伯总结说："你可以将问题简化为三个基本系统。要发明一架飞机，就必须有可以产生升力的机翼、让机翼升上天后保持移动的推进系统，还得有办法在飞行中控制机翼。升力空气动力学、推进和控制，就是这样[2]。"

---

[1] 《我们是如何发明飞机的：一段生动的历史》（*How We Invented the Airplane: An Illustrated History*），基于 1920 年记录整理，于 1953 年首次出版，作者是奥维尔·莱特，编辑是弗雷德·凯利（Fred Kelly）。

[2] 源自 2007 年 8 月 19 日史密森学会航空航天博物馆航空馆资深馆长汤姆·克劳奇（Tom Crouch）在位于美国北卡罗来纳州斩魔丘镇的莱特兄弟国家纪念馆发表的演讲。

　　莱特兄弟意识到，最容易被忽视的系统既不是升力空气动力学，也不是推进系统，而是控制系统。他们提了一个几乎被其他所有人忽视的问题，他们没有问"**我们怎么飞**"，而是问"**我们怎样才能不从空中掉下来**"。他们认为，从解决控制问题入手才是安全的。

　　非常特别的是，莱特兄弟还研究了控制飞机横向运动或翻滚的方式。大多数的地面车辆都不需要横向控制，贴地的四个轮子提供了这种控制，所以大多数的航空先驱都没有考虑过稳定性会是一个问题，即便他们考虑过，也想不到应该怎么去处理。自行车存在横向稳定的问题，必须在设计时考虑进去。所以，两位自行车技工想到控制飞机翻滚才是飞机设计的关键问题也就不足为奇了。

　　滑翔机飞行员通过调整自身重心来控制翻滚，但此做法无法用于动力飞行，而且很明显在滑翔机上使用也不会好到哪里去。经过反复思量，莱特兄弟提出了通过机翼弯曲（动态地改变机翼形状）来控制横向运动的想法。1899 年，他们造了一个大风筝来验证此想法，效果不错。1900 年，他们利用李林塔尔气压表和沙尼特的双翼设计，制造了一架机翼弯曲的滑翔机。

　　威尔伯和奥维尔两兄弟想找一个有风的地方来测试他们的滑翔机，并最终选择了北卡罗来纳州的外滩群岛。他们将滑翔机从代顿市运出，在基蒂霍克（Kitty Hawk）附近建立了营地，希望能在海风中完成一次数小时的飞行。结果让人很失望，如果没有很强的风力，滑翔机根本就升不了空，升空后也无法长时间飞行。不过，飞行时横向控制的效果很不错。他们在附近的斩魔丘进行了一系列的滑行试验，试图找到他们的设计有什么问题。

　　莱特兄弟写信向沙尼特请教，沙尼特建议他们的机翼设计应该更紧密地向李林塔尔的靠近。于是，他们在冬天又造了一架滑翔机，结果在 1901

年测试时却发现这是一次退步。他们调整机翼的形状，这带来了一些改善，但经历数百次试飞之后，他们却感到很气馁。最终，他们提出了第二个关键问题：**公认的空气动力学设计表是否正确？百年来一直沿用的升力系数是否正确**？

威尔伯和奥维尔两兄弟的时间和金钱已经不足以支撑他们继续造滑翔机了，于是他们想到了用自行车来做试验，试图证明已公布的数据是错误的。接着，他们问自己："**我们能否利用冬天的时间，在这个自行车店里产生我们所需的数据？**"他们搭建了一个简易的木制风洞，以支持他们测试多种不同的翼型配置。在 1901—1902 年的冬季，莱特兄弟仔细地进行了上千次的试验。在冬季结束时，他们已经发展出了一套修订版空气动力学升力知识体系。

莱特兄弟找对了问题，又手握有效数据，他们已经清楚哪种机翼形状和角度的效果最好。1902 年，他们又造了一架滑翔机，该滑翔机表现极其出色，升力也很符合预期。驾驶滑翔机后，这对兄弟发现，在横风中转弯时，只是控制飞机的翻滚（绕前后轴翻转）还不够，还要能控制偏航（绕纵向轴翻转），于是他们又增加了一个垂直方向舵。到秋天时，威尔伯和奥维尔兄弟知道他们已经解决了滑翔机飞行所面临的最重要的难题——控制问题，而且在解决升力问题上也取得了长足的进步。值得一提的是，他们用于飞机设计的控制方法和机翼设计被沿用至今。

然而，莱特兄弟知道，要想在空中进行长达数小时的飞行，就要有一个引擎。于是，他们问："**我们需要什么样的引擎和螺旋桨才能把滑翔机改造成飞行器？**"风洞试验表明，只要有一个可以提供至少 8 马力的轻型引擎就够用了。由于找不到能打造出他们可承受价格的引擎的制造商，他们选择了跟自家的自行车技工查理·泰勒一起打造引擎。这款简单的引擎是用当时的新型铝制材料打造而成的。它可以提供 12 马力，远超飞行所需。接下来的工作是设计螺旋桨，再通过风洞找出最佳款型。最后，他们做出了那个时代最高效的一款螺旋桨，螺旋桨通过自行车链条连接到马达上。瞧！一款动力滑翔机（莱特飞行者一号）已经准备好起飞了。

该飞行器于 1903 年秋天在海边营地组装并测试完毕。经历过多次的试验和螺旋桨维修，兄弟俩终于在 12 月 17 日操作该飞行器进行了一次受控飞行。奥维尔和威尔伯各飞行了两次，最长的飞行持续了大概 1 分钟，距离约 1/4 公里。就在那时，飞行器碰上强风，被摧毁了。

奥维尔和威尔伯回到家中，他们知道，重于空气的飞行器的基本问题已经解决了。第二年，他们建造了飞行者二号，并在代顿市他们家附近的霍夫曼草原进行了试验。它的动力不足，难以控制，但到 1905 年年底的时候，兄弟俩充分吸取教训，对该飞行器进行了重新设计。飞行者三号的表现比它的两个前辈好很多，它可以称得上是第一架有使用价值的飞机。

从此，飞机制造在欧美两地进入了飞速发展期。1919 年，距首次飞行仅 16 年之后，飞机已经可以直飞横渡大西洋了。

安娜：莱特兄弟所做的分析的数量之巨和收集所有数据的投入之大，让人印象深刻。为什么所有这些分析都是他们做的呢？这跟他们所受的教育或他们的背景有什么关系吗？

作者：从年少时起，莱特兄弟就被鼓励要广泛地阅读并尽可能多地学习，但他们所接受的正式教育只到高中为止。他们先经营打印店，然后经营自行车店，这激发了他们对书籍的热爱，并给了他们大量跟机械相关的实操经验。他们兄弟俩对飞行充满激情，视之为嗜好，并为此而投入了所有业余时间学习他们所能学到的一切。

　奥托：有趣的是，莱特兄弟在机械方面的相关经验给他们带来了提出正确问题的直觉。

作者：驱使兄弟俩提出正确问题的因素之一是他们的钱不多，无力负担当时被普遍采纳的随机试错实验（这正是传统观念所认为的"约束有利于推动创新"的一个实例）。莱特兄弟力求在建造任何东西之前，先尽可能多地学习。我们可以称之为**"学习先行开发"**（Learn-first Development）[1]。在每个学习周期都很耗钱耗时的时候，这是一种很重要的方法。

解决对的问题

彼得·德鲁克认为，客户从不购买产品，他们购买的是对他们某种需求的满足感。

他写道：

真正的营销始于……客户，他的基本信息、他的现实问题、他的需求、他的价值观。它不问"我们要卖什么"，它问"客户想买什么"。它不说"这是我们的产品或服务能做的"，它说"这些是客户所寻找的满足感、价值观和需求。"……营销的目的，是很好地了解并理解客户，

---

[1]　这是迈克尔·肯尼迪在《准备，行动，主导》一书中推荐的做法，被广泛地运用于硬件产品开发。

让产品或服务适合客户，并实现自我销售①。

持有此观点的不止德鲁克一人。哈佛商学院教授西奥多·莱维特（Theodore Levitt）经常跟他的学生说："人们想买的不是四分之一英寸的电钻。他们想要的是一个四分之一英寸的孔！"莱维特在其经典文章《营销近视症》（*Marketing Myopia*）中写道："……必须将整个公司视为创造客户和满足客户的一个有机体。"

莱维特在文章中指出，有些公司"正处于一种得天独厚的市场地位，即只需填补而无须寻找市场，无须发现客户所需所想，只需让客户主动提出特定的新产品需求"。他接着说，这种情况其实并没有看上去那么好，因为如果科学家和工程师就这样靠客户来告诉他们应该交付什么产品，就不大可能发展出以客户为中心的观点。

怎么会这样呢？交付客户所需怎么成了坏事呢？莱维特解释说，问题在于，如果开发组织原原本本地交付客户需要的东西，如一个电钻，他们就无法学到关于客户需要什么类型的孔、钻孔是为了解决什么问题以及是否有更好的办法来解决这个问题的任何东西。事实上，一味专注于当前客户需要的东西，就会导致公司忽视那些新兴的、颠覆性的技术，直至为时已晚（我们会在第五章再次深入地探讨这个话题）。

需求是什么

大多数工程师，尤其是软件工程师，都认为他们的工作应该始于别人提供的某个需求清单（或者一个待办事项

---

① 《管理：使命、责任、实践》，作者：彼得·德鲁克。

列表）。但一份详细的需求清单并不是一个好的工程起点。莱特兄弟并未从需求入手，而是从一个想法入手——"建造滑翔机，然后学习飞行，再增加动力（还要避免死于此过程之中）"。当他们让查理·泰勒打造引擎时，"需求"是物理定律强加给他们的约束，包括重量限制和最小马力。其他的一切都是设计。

莱特兄弟没有足够的钱，所以他们不会在错误的问题上浪费资金和精力。带着大无畏的精神和对细节的惊人关注，他们埋头扎进了那些深藏着的、复杂的技术问题之中。三大飞行系统的问题被他们一一解决。首先，他们设计了一个控制系统，以免飞机坠毁。接着，他们钻研升力空气动力学的细节，学会了如何设计机翼。在解决了这两个问题之后，他们才加上了推进系统。这种有条不紊的方式，让他们在 3 年之内就解决了这 3 个颇为棘手的技术问题。

卓越的问题解决者从直接体验入手，获取对当前境况的深刻理解。他们跟持有不同观点和知识的人协作。在发掘基本问题、设计可行解决方案时，他们表现得富有创意、高效且高度自律。他们竭尽所能地验证多方思路并专注于学习。他们提出了大量的问题，挑战所有的假设，甚至包括他们自己的假设。他们定期进行反思并重新审视所处境况，以确保他们正在解决正确的问题。

如果你是一名企业家，你可能或多或少都是这样做事的。如果你在一家大公司或政府部门工作，你可能不会把复杂系统的开发当成一个设计问题来解决，你更有可能把它当成一个执行问题或项目管理问题。可是，执行一个对根本问题**缺乏**理解的解决方案，通常都只会招致灾难。

案例：美国联邦调查局案件管理系统

美国联邦调查局（Federal Bureau of Investigation，FBI）案件管理系统（Case Management System）的崩溃，不对，应该说多次崩溃，一直以来被广泛诟病。数十年来，投入了大量的钱，却无所出，这让它产生了诸多借口。在 2001—2004 年，浪费了 1 亿 7 千万美元之后，虚拟案件文件系统（Virtual Case File System）终于被放弃。那么，接下来发生了什么呢？他们又一次尝试，装作遗忘了爱因斯坦的告诫——疯狂就是重复做同样的事情却期待不同的结果。第二场惨败是被称为哨兵（Sentinel）的项目。杰尔姆·伊斯雷尔（Jerome Israel）于 2004—2009 年在 FBI 担任 CTO，他在电气与电子工程师协会（Institute of Electrical and Electronic Engineers，IEEE）的《IEEE 计算机杂志》（*IEEE Computer*）上发表文章，介绍了它的失败之处[①]。

伊斯雷尔指出，虽然原型有助于识别出大多数的高难度问题，但在 2005 年，RFP 团队却正忙着生成需求，而无暇构建有助于澄清最具挑战性的技术问题的原型。其原因不仅仅是没有时间，还因为 RFP 团队或者说整个 FBI 都不具备足够的工程能力，无法真正理解那些待解决问题的实质。RFP 所获回应表明，供应商们同样也没能真正理解系统的复杂度。伊斯雷尔在文中罗列了三大"顽疾"，它们都是 FBI 案件管理系统必须解决，但开发过程中从始至终都未能透彻理解或妥善处理的问题。排在首位的是一个极为复杂的访问安全问题，定位它都很难，更不要说解决它了。其次是棘

---

① 《IEEE 计算机杂志》2012 年 6 月第 45 卷第 6 期文章《为什么 FBI 建不好一个案件管理系统》（*Why the FBI Can't Build a Case Management System*），作者：杰尔姆·伊斯雷尔。

手的迁移问题，因为一次性突然整体大切换显然行不通。最后，正如伊斯雷尔所言，虽然他们很愿意使用现成的商业软件，但集成这些相互独立的系统极其困难。

为了弥补其工程能力的欠缺，FBI 决定强化其项目群管理。没有技术背景的项目群经理被安排至更高级的职位，负责管理那些可能有能力理解技术问题的工程师。其项目管理方式专注于追踪活动情况，而非致力于发现和解决那些困难的技术问题。

哨兵项目的合同于 2006 年 3 月签署，交付日期定于 2009 年 12 月。第一阶段历时 18 个月，交付了为现有系统做的一套 Web 界面。第二阶段是真正有难度的阶段，该阶段采用了迭代的交付方式。这本是一件好事，但迫于定期展现进度的压力，开发重心转向了那些容易的事情，而真正重要的、需要做的事情却被搁在一旁。2009 年 10 月，在读了漂亮的进度报告 2 年之后，面对"顽疾"的那一刻终于到来了。而且，正如伊斯雷尔所描述的，"所有的问题，那些顽疾，蜂拥而出，项目应声倒下"。第二场灾难已然临近。

2010 年 9 月，杰夫·约翰逊（Jeff Johnson）成了 FBI 的新任 CTO，他停止了这个项目，并直接接手开发管理工作。他组建了一个技术能力过硬的小型团队，并让他们待在 FBI 大楼地下室的一个房间里。他们借鉴了软件创业公司的工作方法，包括敏捷实践、快速交付和客户至开发人员的快速反馈循环。2 年后，该团队交付了一个成功的系统，其成本还不到此前所有尝试所耗成本总和的 5%。

这种故事并不新鲜，或许只有结局除外。历经多年，进展看似一直不错，忽然间项目就完蛋了，两次都是这样的。伊斯雷尔指出，在首次灾难发生之后，审计员认定原因是缺少强力的项目群管理。于是，第二次尝试就配备了上过 8 周认证课程或经过 9 天训练营认证的强势的项目群经理。但这样做照样不管用，因为据伊斯雷尔所言，根源在于该项目缺少能够识别核心技术问题并确保解决问题以推动项目进度的技术领导。相反，那些对核心技术问题毫无感知的项目群经理们只是使用了各种图表来展现稳步的进展。他们完全找错了问题。

安娜：那可真是太糟糕了。为什么审计员一开始没有发现问题所在呢？

作者：审计员发现有些事情不对劲，好像是项目管理出了问题。不幸的是，那并非问题的根源所在。伊斯雷尔写道："假设国会拨给某个 IT 项目每年 4 千万美元，在缺少工程愿景、经验和技能的情况下，没有哪个机构有能力接下这笔预算。"这并不是审计员所寻求的东西。

不要将设计与实现分离

本书作者之一玛丽的第一份工作是在美国电话电报公司（American Telephone and Telegraph Company，AT&T）做电子交换系统（Electronic Switching System，ESS）。上班第一天，她就被告知："我们对 ESS 的设计目标是，40 年内**最长**宕机时间不超过 15 分钟。"玛丽发现，参与开发的所有人都知道这个目标，几乎所有层级做出的每个技术决策都是支持这个目标的。基于目标设计（Design by Objectives）是当时最流行的设计方式，而 AT&T 的 ESS 系统则是此设计方式最为人熟知的一大实例。

基于目标设计背后的理念是，使用若干可度量的高阶目标来定义系统目标，并以此指引开发工程师们设计系统的详细特性和功能，从而达成其高阶目标。实际上，这些高阶目标能让各个层级的工程师都能创造性地思考客户的需求，并探求满足客户需求的多种方式。汤姆·吉尔布（Tom Gilb）的著作《软件工程管理原则》（*Principles of Software Engineering Management*）将此方法发扬光大。

吉尔布是演进式开发的早期倡导者之一，他一直都在倡导以一种探索式的方法开发软件，而且应该基于设计对达成高阶系统目标的贡献程度制定设计决策。看到敏捷软件开发重申了演进式开发的重要性，吉尔布感到很高兴，但他觉得敏捷开发丢掉了基于目标设计背后的一个关键概念。他认为，开发团队应该拿到一个有关系统最终目标的可度量成果的简短清单（可能有 10 来条）。正是这些目标限制了系统的设计。开发团队应该与客户互动，从而设计出一个能满足那些目标的解决方案。他们不应该被一组详细的需求所限制。

吉尔布最近写道：

> 我能想到的最糟糕的场景是，我们允许真实的客户、用户和自家的销售人员将"功能和特性"强加给开发人员，并将其精心伪装成"客户需求"，或许那还是由我们的产品负责人传达的。如果你穿透这些虚假需求（方法，而非目的）的表面，你立刻就会发现它们并不是真正的需求。它们是针对真实需求的非常糟糕的、业余水平的设计……[①]

---

① 《敏捷记录杂志》（*Agile Record*）2010 年 7 月刊文章《价值驱动开发的原则和价值》（*Value-Driven Development Principles and Values*），作者：汤姆·吉尔布。

那些列出系统详细需求的人们实际上是在设计系统本身。如果他们不是专业级的系统设计师，那么系统就是被外行设计出来的。这也正是 FBI 案例中发生的事情。再优秀的项目群管理也无法弥补在未考虑系统顽疾的情况下所做出的设计（即需求集）的缺陷。

安娜：你是说不应该有任何需求吗？还有别的选择吗？人们应该不做任何分析或设计，就冲上去直接开始干吗？我不觉得这样做会有效。

作者：事情要这样看。开发复杂系统的第一步是要确保提出正确的问题，并解决正确的问题。从设计目标入手的目的在于，正确地框定问题，并让专家去探究解决该问题的解决方案。而先罗列详细"需求"长清单的做法，相当于还未花时间理解问题就跳到了解决方案。最好把需求视为真正被索求的少量的关键产出。至于详细规格说明书，等到了合适的时间，自然会有相应的专业的人员去写，但它肯定不是正确的起点。

奥托：在我看来，如今最惊艳的产品是智能手机、平板电脑和社交媒体这类东西，而且我敢打赌开发人员一定不是从一组需求列表起步的。

作者：你说的对，很难把用户体验描述为一组需求列表。当体验很重要时，必须先深刻地理解目标消费者，理解他们想要用产品来做什么、他们现在是怎么做的、什么在困扰他们以及怎么样才能取悦他们。

设计一种极致的体验

30 年前，手机还是一个技术上的奇迹，尽管从消费者的角度来看，它就像一块砖。20 多年以来，在手机厂商们选择有待解决的后续问题时，它们往往选择客户抱怨的技术问题：**让电池变得更小，在手机上放置全尺寸键盘，提高屏幕分辨率**。

然而，随着 iPhone 在 2007 年发布并上市，手机厂商们发现，技术不再是最重要的问题。竞争的差异化已经从技术特性转向了手机使用体验。手机厂商们要问的问题突然就变成了"**我们应该怎样让客户爱上我们的手机**"。

让我们面对现实吧，大量产品的差异化竞争焦点已经从工程转移到了设计上。大多数情况下，人们已不再为新产品的技术特性而感到惊讶，而是对卓越的体验赞不绝口。既然系统的关键目标之一就是要提供卓越的体验，那么产品团队领导层也应该包含一名体验设计师才对。

 设计师是直觉型思考者。他们所接受的训练要求他们提出大量的问题并产生大量的设想；他们创作设计，但绝不止创作一个设计，而是通过快速构建大量的原型去验证多种可能性。他们专注于设计可能引发的各种情感。他们不停地问同一个问题：**有什么能使消费者爱上这款产品**？

如今，很多大公司都有一个新设立的管理岗位——首席设计官。包括宝洁、3M、飞利浦电子、通用医疗、起亚汽车、百事可乐、苹果、惠而浦、伊莱克斯等在内的很多公司，都增设了一个直接向公司最高决策层汇报的设计高管职位。为什么？因为企业已经发现，优良设计能带来丰厚的利润；它们还发现，在这个一款产品很快就能变成流行商品的世界里，设计有助

于创造一个受保护的竞争空间。但如果没有高层的支持，设计在产品开发过程中常常会被忽略。

设计师明白，好设计意味着好生意，但坦率地说，很多分析型思考者并未真正领会它的意思。于是，公司向产品团队增派设计师，并着手培养更多的分析型团队成员像设计师那样思考。在软件密集型产品领域中，关注这一趋势或许还算明智，因为有极高比例的软件产品都专注于交付出众的体验。但是，出众体验并不是偶然发生的，它们出自对设计有着深刻理解的产品团队。

案例：势力范围公司

势力范围公司（Sphere of Influence）是位于美国华盛顿特区的一家成功的公司，为政府和商业客户提供服务。该公司自称为"软件产品工作室"，它不同于传统的软件公司或工业设计工作室，但与这两者有很多相同之处。势力范围公司拥有约50名创意和技术人才，在过去的12年间，他们一直致力于将设计机构的创意工作流和大规模软件开发整合起来，这使得该公司形成了一种值得借鉴的承包实践模式。

该公司的执行合伙人特蕾莎·史密斯为我们讲述了他们从敏捷开发演进至产品级设计的故事。

从敏捷到设计

——作者：特蕾莎·史密斯

这段旅途的起点跟多数敏捷软件开发者的一样：一个苛刻的客户、一份目标说明以及一个不可能实现的进度表。当然了，敏捷看起来完美契合此情形，我们对此也深信不疑。我们最终大获成功，我们做到了按时交付，提交了高质量的代码以及需求提出方认可价值的大量特性。客户深度介入，参与了全过程的每一个细节，并向产品团队提供日常的优先级排序、指导和反馈。

软件已经成功交付，塞满了被客户认为很重要的高优先级特性，而且所有的工作都是按照一个近乎不可能实现的进度表完成的。最后的软件很棒，客户也表达了对我们工作的满意之情。

只有一个问题：客户只是满意而已

这只是该趋势逐渐变得清晰的众多实例中的一个。我们的敏捷项目持续地产出可负担的高质量软件，囊括了几乎所有的客户看重的功能。从这个角度来看，敏捷带来了更好的表现。然而，当我们评估这些产品而非项目的时候，诚实的批评家会承认这些产品缺少伟大之处。利益相关者们或许对项目的表现很满意，但几乎没有什么让他们欢愉、惊叹或父口称赞的独特创新或创意设计。敏捷对客户优先级的极度关注被即时迭代所放大，产生了一种显著的阻力，阻碍着我们将诱人的体验、完整性、好感度甚至创新融入产品设计。一次思考一个客户驱动特性并实现它，软件就在此过程中逐渐浮现，实际的开发过程大概就是这样的。

很明显，传统敏捷（如 Agile 和 Scrum）缺少创造性的工作流来发掘并构建正确的产品。敏捷也没有提供任何指南来介绍如何控制功能组合、形式、背景、优势或认知投入，以便赋予软件产品更深层次的意义。

强核

我们开始使用"强核"（Strong Center）这个词来描述从一个产品的完整性中浮现出来的个性和优点。我们已经意识到，保持在成本、进度和特性边界内执行并不是最难的部分，运用这些边界做出卓越的成果才是。我们发现，做到这一点所需的是现有敏捷文献中并不存在的一套更有纪律性和创造性的创新流程。敏捷指望产品负责人和其他利益相关者靠洞察力引导项目做出前后一致的、统一的和有创造性的产品。但很不幸，洞察力并不足以成为一种创新策略。它可以归结于一个问题，那就是产品愿景从何而来和愿景怎样在数以千计的决策之中显现出来，而这些决策共同造就了强核。

将注意力从项目转向产品之后，我们可以看到产品的真面目——平庸而乏味。我们并非想让客户"满意"，我们想让他们"激动又兴奋"。因此，我们开始改变。首先，我们承认打造卓越产品是开发团队的义务。我们意识到：我们的工作并不只是把设计工作推给客户，再把用户故事和需求转化为正确的编程语法；创造出有技术和设计魅力的软件才是我们的责任，这就要求我们做出一些客户和用户绝不会做出的决定。其次，我们把产品概念设计视为一类独立活动并为其投入时间，而不是将其视为可于敏捷迭代中同步执行的活动。最后，我们接受了一个事实：仅靠可信敏捷实践做不好创新和产品设计，甚至有些情况下还会对这些活动造成干扰。

从敏捷到设计

从
敏
捷
到
设
计

小步迈进

我们不知道该从哪里入手，因为客户们已经习惯了对工作范围进行百分之百的掌控。首次尝试时，我们采取"暗度陈仓"的方式小步迈进，只让设计去影响产品中处于开发状态的一小部分内容。我们挑选的是产品中能够做出明显效果又不大受客户驱动优先级影响的部分。这些部分都位于利益相关者关注面之下，利益相关者的注意力都集中在高层级业务流和其他重要事务上。那个时候，我们还没有使用"产品设计"这个词来描述我们正在做的事情，但我们本能地知道我们之前没有做的事情就是这个。因此，我们把注意力放在了这件工作上。我们跟客户不同，软件不是他们的核心业务，所以他们不太懂，但我们却很懂，因此我们对用户交互和算法驱动自动化的见解远远超过客户所知。在产品的一些边缘地带，我们并没有让客户在不了解技术细节的情况下做决定，而是发挥自身专长做出了决定。

产品成功推出之后，我们去找客户做满意度调查，结果发现他们跟以前一样，对产品整体感到"满意"。但是，对于我们自作主张的那些地方，客户不是满意，而是很高兴！他们认为，产品总体"尚可"，基本吻合预期，但他们称赞我们自作主张的那些部分非常棒，说它们"造就了这个产品"。我们无法确定客户有没有意识到我们偏离了既定的范围，但他们喜欢自己拿到手的东西，这就够了。这让我们有了足够的信心继续扩展这种工作方式。

在接下来的几个项目中，我们的想法是，不追求那种可以改变世界的创新，但会多花一点时间和精力专注于发掘与用户互动的更佳方式，以及用一个更精心制作的产品去支持客户的业务。我们把注意力越来越多地放在了产品而不是项目上。

没有现成的敏捷实践可以指导或启发我们，于是我们把目光投向了以创造力和创新性著称的那些行业，如工业设计和营销工作室。我们花了大量的时间去研究 IDEO、青蛙设计、CP+B（Crispin Porter + Bogusky）等公司。我们发现了一个浩瀚无边的新宇宙，里面全是各种想法和技术，可供落实业界的顶尖创意并通过设计让产品变得更好。我们对民族志①以及如何将其运用于产品开发持开放态度。我们自学了关于用户参与的心理学，还发现了无数种可用来控制用户参与程度的技术。所有这些东西，在软件开发图书中全都找不到，但当我们找对了地方的时候，我们发现它们早就已经以一种相当成熟的形式存在了。

付费客户叫嚷着特性和交付日期，这种情况让人很想只是简单地关注实现和交付，尽快了事，但我们却强迫自己投入了显著的时间和精力进行产品设计与产品创新。

创造能够引发共鸣的东西

逐渐地熟练掌握设计之后，我们开始打造自己的理念。我们完全地接受了格式塔（Gestalt）的观点，我们认为，一个伟大的产品不仅是高优先级特性的集合，而且拥有一种融合了相似性、延续性、封闭性、接近性、形象和根基的统一完整性。我们深信，构成"统一完整性"或称"核心"的每一个特性和设计元素，最终促成了其角色与意义的浮现。民间建筑师克里斯托弗·亚历山大（Christopher Alexander）在他的著作中对设计的这种新生特性做了最佳的描述，相关描述最开始出现在他的

---

① 对人类特定社会的描述性研究。——译者注

从敏捷到设计

《形式的综合体》(*The Synthesis of Form*)一书中，然后出现在之后出版的四卷本《秩序的本质》(*The Nature of Order*)中。我们采纳了亚力山大的观点，即强核自完整性中浮现。我们跟他一样相信，缺少强核的产品无法引起受众的共鸣，拥有强核的产品则通常都能取悦受众。

这种格式塔哲学帮助我们更清楚地理解了身为一家软件公司的使命——不是去引导设定特性和用户故事的优先级，然后实现它们。我们发现，我们的使命是创造拥有强核的伟大产品。我们学着给工作强行增加限制条件，例如，只有有助于形成强核的特性才会被纳入产品。我们不再放行那些抑制强核形成的特性，因为即便有旺盛的需求，这种特性也会干扰用户，影响他们对产品的积极响应。我们找到了既不会扰乱产品又能满足尚未被很好地满足的需求的办法。

学习如何设计出拥有强核的产品只是第一个挑战而已。软件开发人员还需要学会如何打造出引人共鸣的交互体验。我们已经足够重视可用性了，但最终产品仍然平淡无奇。我们意识到，交互设计不只是增强可用性（计算鼠标点击数，追踪用户目光停留点），而是要创造出意义并让人沉浸于复杂的层次化活动中，以至于忘记了时间，忘记了体验之外的一切。为了学会实现这种效果，我们转而向参与心理学（Engagement Psychology）领域的专家们获取灵感，而不是可用性或界面设计领域的专家们。通过向公开演讲专家南希·杜阿尔特（Nancy Duarte）和视频游戏专家玛格丽特·罗伯逊（Margaret Robertson）等人学习，我们懂得了设计师要用节奏来吸引受众参与并克服平淡。"共鸣"这个词本身就意味着一个产品的天然振动（氛围）跟受众处在同一个频率上。原来，就跟黄金比例一样，可以引发人们最底层共鸣的最佳过渡和时序是存在的。通过根据这些时序和过渡调整用户参与的强度，我们学会了吸引用户进入行为心理学家米哈里·契克森米哈赖所谓的"心流体验"。我们还对游戏化（Gamification）进行了深度学习，掌握了吸引用户参与、推动高效学习、认可成就和告知失败但不破坏体验的巧妙方法。

跳出惯例

在众多的创新型行业中，一个客户雇用一家机构的原因是这家机构展示了足以引起客户共鸣的某个想法或风格。客户与服务机构之间达成了相互理解，双方都承认客户才是最终的消费者，而消费者就是上帝（他们总是对的）；但双方也都承认服务机构的参与是至关重要的，因为它为产品带来了创造力和创新性，让产品变得与众不同。大部分创新型行业都是这样的，除了专用软件开发行业。在我们这个行业中，客户总是疑虑重重，他们提出条件，要求供应商务必按照合同约定的内容来制造产品，分毫不差，否则就要承担责任。本质上，这不是选服务机构，而是选劳工。不管号称瀑布、敏捷还是其他什么东西，项目管理而不是产品成了关注的焦点。大部分软件开发公司宣传的卖点是它们的项目管理技能和能力成熟度，而不是它们的设计风格或它们具体能创造什么东西。

时至今日，我们面临的最大挑战是找到那些认为产品比项目管理价值更高的客户。许多客户一上来就要报价单和 RFP，而不是要求我们提出一个极具创新性的产品概念。对我们而言，撰写 RFP 比演示创新概念简单多了。为了提供这样的概念，我们必须透彻地研究产品策略、民族志、产品定位以及前面提到的概念设计。要想赢下订单，我们必须提供独特的、能真正挠到客户痒点（可能是连客户自己都未曾意识到的痒点）的办法，同时还要满足他们不可妥协的需求和目标。这种概念所融入的

从敏捷到设计

辛勤劳动、创造力和创新远大于制作一份 RFP，更不用说能给客户带来多大的价值了。令人费解的是，更多的客户并不把这种概念演示当作选择供应商的手段。客户告诉供应商他们想要什么，然后供应商提供一份不切实际的报价，这已经成了一种惯例。

产品胜于项目

哈佛大学教授彼得·罗（Peter Rowe）提出了**"设计思维"**（Design Thinking）这个概念，而 IDEO 公司的大卫·凯利（David Kelley）将这个概念推广到了业界前沿——不仅仅是工业设计，而是整个创新产业。这个概念背后的理念是，设计师的思考方式与众不同，或许他们看到的世界也与众不同。例如，工程师解决问题的方式是寻找一个最小而又够用的方案，而设计师的方式是创造对人们更加适用的东西。这两种理念的差别非常大。工程师先让东西运作起来，再让它运作得更快，然后改进自己的效率，使整个（让东西运作的）工作流程更快、更有效，而不管人们喜不喜欢它。设计师则是为了创造人们喜欢的东西而生，为了在使用和感知上提升产品对人们的整体实效，他们常常反反复复地组合各种基本元素和材料，而不顾及效率。老实说，工程学和设计都深深地吸引着我们，我们既有工程师的灵魂，又有一颗设计师的心。

我们一开始把我们正在做的事情称为"设计思维"，但最终放弃了这个术语。我们见过太多为了设计而设计的例子——强调美观而忽略实用性，强核被时尚和新潮所取代。当然，我们喜欢美观和时尚，但我们也知道一个简单的"老式"应用程序同样可以很棒。我们认为，伟大的设计就是不断地打磨一个产品，把它的优点汇聚成强核。作为骨灰级的软件工程师，我们发现事物当中优雅和美丽的部分不是简单地组装起来的，而是某种工程实现的结果。在思考这个问题的过程中，我们认识到，我们既不是"设计家"，也不是"工程家"，我们实际上是"产品家"。从战略、定位到设计和生产，我们对整个产品非常感兴趣。

不幸的是，我们所处的行业为我们提供的选项并非做个"设计家"或"产品家"，一切都着眼于项目，而非产品。阶段式（Phase-gate）、瀑布、敏捷或者其他方法，都把人们的关注点集中在项目上，但对如何构建卓越的产品不闻不问。

我们获得的最大启示是，产品本身才是我们的目标。人们会铭记创造者创造了什么东西，而不是他创造这些东西的方式。设计思维不是项目管理中的灵丹妙药（一切问题迎刃而解），但会影响事项的优先级。正如敏捷理念认为人高于流程，在此不妨借用一下这个说法，我们认为产品高于项目。

小结

这段旅程告诉我们，卓越的产品具备辨识度极高的优点，由外及内，无处不在。每个元素的存在和组织方式都是刻意而为的，从而加深了对产品整体的感知。这种感知通常与人们想要从产品中获得什么紧密相关，无论它是一种体验还是一个不用这种产品就无法实现的目标。

在我们的团队探索软件产品设计的过程中，产品设计师会打造多个不同的样品，用心地体验它们，然后判断每个样品到底是强化了还是削弱了产品的特性和整体性。我们会以如何影响产品的感知度为标准，评估每一个设计决策。

从敏捷到设计

　　如果我们选择的某个设计削弱了涌现特性（Emergent Properties）[1]效应，就弱化了强核的优势。哪些设计决策或元素弱化了强核，就应该将它们从产品中剔除。

　　这些天，我们邀请客户们为我们的工作打分，客户们的反馈不仅仅是满意，他们爱死我们的产品了！

———————
[1]　涌现特性是指在一定的组织层次上出现的新特性，简单来说就是总体大于个体之和，如蚂蚁和蜜蜂的群体行为。——译者注

我们问势力范围公司主席萨德·希尔："要想让分析型的人认识到设计的价值，需要付出哪些代价？当他们做到以后，感觉怎么样？"

他答道：

> 你无法通过学习书本上的知识来学会设计，而是必须进行实践。实践不仅仅是精通学问的必经之路，也是领悟贯通的必要条件。只有通过有针对性的实践，人们才能获得正确的视角来理解设计并彻底发挥它的威力。一个人要真正踏进设计的世界，大约要花 500 个小时去实践。虽然设计在我们身边无处不在，但它又是难以感知的（有人说好的**设**计是难以感知的，但是坏的**设**计往往是显而易见的）。还有一种说法是，一旦你进入设计的世界，你看到一个门把手都会觉得它与过去完全不同。这可是真事儿！这也是为什么我们在上面把"设"字突出显示了。通过 500 个小时的专门实践，你可以了解什么是设计；要想达到熟练的程度，则需要大概 2 500 个小时的有针对性的实践。如同大部分事情一样，要想优秀到有能力在全球市场中参与竞争，就需要 10 000 个小时的有针对性的实践。实践就是一切！ [1]

安娜：仅仅告诉客户他们一再坚持的、中意的特性并不与强核吻合，就靠这个说服他们，是不大可能的。

作者：大部分客户看到优秀的设计时都会赞叹不已。当客户爱上一种体验，发现它确实令人着迷时，他们往往会信服，然后相信设计

---

[1] 引用自势力范围公司总裁萨德·希尔的私人邮件。经许可使用。

出这些体验的人更了解什么样的设计才是好的产品设计、什么样的设计应该

被剔除。

　　奥托：如何设计出让客户喜爱的产品呢？

　　作者：我们认为最重要的也是最难的一点就是停止对

技术的担忧。不要再为要完成一大堆工作而过分地担心

了。你要花更多的时间去拜访和观察你的客户们——仔细地观察他们到底是

如何使用你的产品的。每个产品传播的都是一种体验，如果你不了解产品创

造的体验，你就根本不能理解你的产品。

案例：一段非常糟糕的经历

　　通用医疗的首席设计师道格·迪茨在核磁共振和 CT 扫描仪设计领域工

作了 20 年[1]。他对近期核磁共振扫描仪的设计非常自豪。因此，他来到本地

一家刚刚安装了这种最新扫描仪的医院，打算看看他的"孩子"。正当他对

过去几年的辛勤工作的成果感到非常满意的时候，有病人进来了，于是一

位技师请他去外面转转。他在大厅等着，看到一位大约 7 岁的小女孩和她的

父母一起走进大厅。小女孩哭泣着，当拐进核磁共振室的时候，她吓呆了。

　　当迪茨用孩子的眼光去看他的产品时，他意识到这个产品失败了。对

孩子来说，这是一个恐怖、吵闹又沉闷的机械装置。他发现接近 80% 的 3

到 7 岁的孩子在做核磁共振和 CT 扫描时，都得通过镇静剂才能平静下来。

---

[1]　来自道格·迪茨在 TEDxSanJoseCA 2012 上的演讲《为孩子们和他们的家庭改变健康检查》
（*Transforming Healthcare for Children and Their Families*）。

父母们最焦虑的是不知道如何帮助他们的孩子度过这令人崩溃的时刻。迪茨做出了一个决定,只有当孩子们放心大胆地走进扫描室,积极地配合技师,回去后还会告诉其他小伙伴他们有多么喜欢这个过程的时候,核磁共振扫描仪的设计工作才算完成了。

迪茨组建了一个设计团队来实现这个目标,他们开始研究孩子们。他们在一个当地的儿童博物馆观察孩子们,与儿童心理专家进行交谈。他们趴在医院的地上,用孩子的视角来观察扫描仪器。他们认真地听仪器发出的种种噪声。他们开始意识到,如果能够利用孩子们丰富的想象力,他们就能把扫描的过程变成一场冒险。

他们用喷绘、贴花和轻音乐将核磁共振室改造成丛林、太空船、水族馆、野营地或者海盗船。父母们告诉孩子们关于核磁共振的故事:在医院里,你将会进入一块魔法之地,你会爬上甲板(或者钻进帐篷)。到那里以后,你必须躺着别动,这样鱼儿才能在你上面游泳(或者猴子才会出现)。

结果是令人振奋的。父母们扮演得非常投入,他们放松下来后,孩子们也放松了。孩子们不再需要镇静剂,扫描过程更快了,质量也更好了,核磁共振设施也能服务更多的患者了。不少家庭开始主动要求做扫描,只因为孩子们喜欢这种体验。通用公司也为此产品线增加了新的推荐配件。最重要的是,孩子们喜欢上了在医院的经历。甚至有孩子问,能不能回去再做一次。

幸亏迪茨去了趟儿童医院欣赏他的核磁共振扫描仪,才发现自己漏掉了在医院的体验这个大问题。他立即意识到自己的设计存在一个严重的缺陷,因为对一个非常重要的消费者群体而言,该产品的体验非常糟糕。他清楚地知道,除非解决这个缺陷,否则产品就不算完成了。

设计师创造人们喜爱的东西

设计师是如何工作的呢?

» 设计师们先把自己沉浸在目标人群的个体体验中，他们花很多的时间去观察人群。如果他们设计一个购物车，他们就会去观察人们如何购物[①]。如果他们设计土豆削皮器，他们就会观察人们是如何削土豆的[②]。如果他们为人们设计财务记录系统，他们就会去人们家中观察他们如何打理自己的财务[③]。

» 当设计师们沉浸在客户的体验中时，他们并不孤单。开发、质量、技术文档、营销、生产或运营人员，甚至财务人员都会加入。不同背景的人为产品团队带来不同的视角，而有了更广阔的视野就能更深入地理解要解决的根本问题。

» 设计师们解决问题的时候，并非一条道走到黑。大量的想法被快速地描绘出来，或者做成原型，这样每个人都能看到这些想法具体是什么样子。这一点极其重要，因为设计师们并不是对着空气工作。在研究影响体验的多种因素的时候，他们会去探索其他人的不同视角和想法，并用这些想法来丰富自己的发现。

» 设计师们理解心理学。他们研究人们在各种环境中面对不同的外界刺激时会做出什么反应。他们不满足于接受现状。为了获取对研究

---

① 来自 ABC 电视台夜间新闻关于 IDEO 公司设计购物车的报道。

② OXO 是由萨姆·法伯（Sam Farber）创立的一家制造易用厨房用品的创意型公司。他创立这家公司的原因是，他发现太太在使用土豆削皮器的时候总是麻烦不断。

③ 财捷公司"跟我回家"（Follow Me Home）项目有一个产品团队，只要人们购买了他们的财务软件，该团队就会去客户家里访问，观察人们如何使用软件。

状况更广阔的视野，他们会提出问题和具有挑战性的假设。当他们
完善自己的创意时会寻求持续的反馈。他们更新自己的观念，尝试
新的事物。对他们来说，预期之外的结果不是失败；出乎意料被他
们视为学习的一种经历。

如果你想真正地让客户欣喜，效法一下那些已经发现设计非常重要的
大型公司老板们的做法吧。帮助产品团队成员学习如何像设计师那样工作。
别像填鸭一样把需求或者用户故事塞给产品团队。让团队成员变成产品的
用户，鞋大鞋小要自己试一试才知道。让团队去质疑，去发现棘手的问题，
去挑战隐含的假设，去探索不同的实现路径。大胆试验，拥抱失败，但要
弄清楚为什么失败。综上所述，你要确保产品团队在发现和解决正确的问
题，开发正确的产品。

开发正确的产品

在第二章，我们讨论了认知偏见以及消除它们所带来
的影响的各种策略。现在你也许已经注意到了，设计正是
认知偏见的一剂解药。设计师们花了大量时间去仔细观察、
质疑假设、探索各种可能性，这些都是治疗类似于证实偏见[①]的"决策病"
的好办法。但是，就像做设计的方法一样，许多公司在绘制产品路线图的
时候没把它们用好。在战略规划中制订一个计划去研究各种可选方案的优

---

① 这种偏见是指人们普遍偏好能够肯定自己期望的信息，而不是那些否定自己期望的信息。——译者注

势，这种做法目前还非常少见。领导层面临战略选择时更倾向于说"就做这个"或者"不做那个"（一种方案），或者最多说"要么做这个，要么做那个"（两种方案）。

这种做法很像在莱特兄弟之前的那些滑翔者们。战略规划者相当于只把滑翔翼堆在一起，就希望它们能自己飞起来。极少有领导层会去做类似制造风洞的工作，并询问自己两个关键问题：**哪些产品战略方案才是可行的？我们如何才能明智地判定采用哪一个方案能得到最佳结果？**

案例：宝洁公司

雷富礼（Alan George Lafley）在 2000 年成为宝洁公司的 CEO，那时公司麻烦不断。公司不但未能达到财务目标，并且股价也大幅度下滑。这也难怪，宝洁在之前的 15 年间只成功地开发了一个新品牌，而其他品牌看起来都已廉颇老矣。8 年之后，当雷富礼从宝洁公司退休时，公司的利润是 8 年前的 2 倍多，营收是 8 年前的 4 倍多。老品牌焕发青春，产品卖到断货，新品牌也整装待发。雷富礼把宝洁公司改造成了世界上最具创新力的公司。

他是如何做到的呢？雷富礼坚持不懈地关注创新，推出了许多成功的举措。例如，"联发"（Connect and Develop）项目致力于在公司外部寻找创新的想法，并将其应用到宝洁的产品开发中。

雷富礼更加成功的一个举措是加强公司对消费者的关注及针对消费者的体验优化设计。他任命克劳迪娅·科奇卡（Claudia Kotchka）为设计创新与战略副总裁，为公司引入设计思维。科奇卡雇来了一些设计师，为他们提供全力支持，如允许他们使用自己的苹果电脑，或者在小隔间里办公。她为他们找到了一个集体活动场地，这样他们就能一起进行头脑风暴，测试各种想法。她派遣一个产品团队去参加 IDEO 公司的设计会议，然后接到了惊慌失措的团队经理打来的电话，团队经理说他们的设计流程实在是太混乱了。"给他们一个机会吧！"科奇卡强调。终于，茅塞顿开的一刻在周末降临了。正是她不知疲倦地推动了公司范围内对整体客户体验的关注。

科学规划

然而，雷富礼最吸引人的措施或许是将科学的方法引入了战略规划[①]。很明显，传统的规划方式已经不起作用了，要不然公司怎么可能会陷入这么严重的困境呢？因此，雷富礼决定采用科学的规划方式——做出几种不同的假设并进行验证，然后展开计划，而不是只选定一种行动路线并执行。这种新做法要求管理者们关注**"我们能够做哪些事"**，而不是**"我们应该做什么事"**。对很多经理尤其是那些以"决断力强"自居的经理而言，这是一种完全不同的思维方式。

雷富礼坚持让规划团队制定至少两个相互排斥的行动方案，以解决核心的商业问题。有更多的方案当然更好，但只有一个方案是不可接受的，因为只有一个方案很容易引发证实偏见。因此，科学规划流程启动时，一个很长且不加过滤的可能性方案清单会被创建出来。当然，管理层对里面的很多方案都会持怀疑态度，因此，接下来由怀疑派陈述，要让他们认可某种可能性方案可行，需要什么样的条件。换句话说，管理者们必须把问题从**"关于这个可能性方案，我能相信什么"**变成**"为了支持这个可能性方案，我必须相信什么"**。为了回答第二个问题，领导者们必须想到，他们

---

① 此节内容引用自《哈佛商业评论》2012 年 9 月刊文章《将科学引入战略的艺术》(*Bringing Science to the Art of Strategy*)，作者：雷富礼、罗杰·马丁、简·里夫金 (Jan Rivkin) 和尼古拉伊·西格尔科夫 (Nicolaj Siggelkow)。

不喜欢的那些想法可能真的很不错——要做到这一点其实并不容易。

管理层在充分理解每种可能性方案成功运作的必要条件之前，不可对方案妄加判断。只有达成充分理解之后，他们才能讨论对某个可能性方案而言，哪个成功运作的必要条件最不可能成立。在这一步，质疑又变得尤为重要，质疑能帮助我们理解成功面前的最大障碍有哪些。

雷富礼建议疑问最多的人去设计一个试验来证明其看到的问题确实存在。全体组员必须就试验是否有效达成一致，并且要根据试验结果得出是否继续推进下一步工作的结论。试验设计必须很详细，并且只针对一个障碍进行。最大的障碍会优先得到调查，一旦证明有问题，就不需要进行下一步的调查了，这样一来，试验流程会变得相对更有效率。如果第一个试验通过了，就继续对次要障碍进行验证，一个接一个地验证，直到管理层确信这个可能性方案的确可能成功。

我们总结一下宝洁公司制定科学规划的方法[①]：

（1）**列出多个选项**。针对每个商业问题找出至少两个互相排斥的选项，或许问题就解决了。

（2）**创造多种可能性**。广开思路，把尽可能多的可能性方案放到选择列表中去。

（3）**指定条件**。对于每一个可能性方案，说出要让它合理可行，必要条件是什么。

（4）**识别障碍**。确定哪些条件最不可能成立。

（5）**设计试验**。对于每一个重要的障碍，设计一个大家都认可且高效

---

① 此节内容引用自文章《将科学引入战略的艺术》，作者：雷富礼、罗杰·马丁、简·里夫金和尼古拉伊·西格尔科夫。

的试验进行确认。

（6）**执行试验**。先运行为大家认为最重要的障碍设计的试验。

（7）**做出选择**。根据试验结果，评审关键条件，得出最终结论。

科学规划最棒的地方在于，通过对一组广泛的可能性方案进行试验，防止认知偏见。产品团队可以学会如何提出有价值的、具有挑战性的问题，或许设计师看到这些问题后都会觉得很眼熟：

（1）有哪些备选方案？

（2）一个可能性方案成功运作的必要条件是什么？

（3）要验证这些条件是否成立，我们需要做什么样的试验？

　　安娜：我喜欢使用科学方法来制定战略的做法，也喜欢基于数据来做决策。

　　作者：我们喜欢这样一个事实：科学的流程可以防止人们一步就跳到做结论的环节。另外，以子之矛攻子之盾，用质疑的手段来解决他们最初的质疑，这种想法也很棒。

设计工具箱

特丽莎·史密斯在本章开头提到，设计师们有很多广为人知的工具和技术来帮助他们创造引人入胜的体验。我们接下来为大家介绍几个工具。

建立同理心

创造正确产品的第一步是帮助产品团队建立与用户之间的同理心。在众多的方式中，旅程地图法（Journey Mapping）和采纳链分析法（Adoption Chain Analysis）是我们最喜欢的两种。

旅程地图[①]（Journey Map）：旅程地图是潜在客户在努力尝试完成某项任务时个人体验的视觉化呈现，该任务可被新产品改进。旅程地图和价值流图相似，只不过它反映的是客户的价值流，而不是产品团队的价值流。旅程地图的目标是帮助产品团队理解潜在客户当前如何开展工作，以发现改进的机会。

要想创建旅程地图，产品团队必须对目标客户体验建立深刻理解。他们需要进行观察、访谈，最好以客户的身份亲自做一遍。在开展实地研究的过程中及研究完毕之后，团队成员把观察结果整理成草图、照片、视频或者其他能传神达意的形式。捕捉用户情绪是非常重要的，用户在完成工作过程中所产生的挫败感和所遭遇的挑战往往是创新的温床。

产品团队实际体验了问题和挫折后，团队成员一起画出客户的旅程地图，找出那些让客户的工作变得如此困难的特征和阻塞点，最后把它们放到旅程地图中。有了这些基础，我们就能更好地识别改进的最大机会点有哪些，以及新产品最重要的特性应该是什么。

---

① 《为增长而设计》（*Designing for Growth*），作者：珍妮·利特克（Jeanne Liedtka）和蒂姆·奥格尔维（Tim Ogilvie）。

采纳链分析法[①]：要想让一款复杂的产品获得成功，需要各种组织的参与。在企业内部有各种各样的利益相关者，合作必不可少。在市场竞争中，互补者的参与是成功的必要条件。例如，一个移动应用程序需要运行在某个移动平台上，也许它的数据来自第三方，销售由合作伙伴代理，而整个程序运行在云端。

只有这些互补者各司其职，应用程序才能正确运行。它们的合作全靠其中涉及的各方利益。如果提供数据的第三方看不到回报，或者目标客户无法便捷地访问云服务，这个新产品注定会失败。

找到采纳链中各方的利益关系能帮助产品团队分析其反应。团队要在采纳链上进行排查，看相关方是否缺乏利益回报，如果它们不合作，产品就无法成功。如果一个互补者几乎没有动力进行合作，这就是一个必须记录在案的关键采纳问题。

制定可能性方案

制定各种可能性方案是设计卓越产品的基础，尤其是在产品开发愈发昂贵的当下。更好的方式是在规划阶段验证各种选项，如果问题发现得太晚，就很难再调整方向了。思索可能性方案有几种工具可用，包括样本新闻稿（Sample Press Release）和影响地图（Impact Map）。

新闻稿：在亚马逊，团队要以客户为起点逆向工作，敲定完成目

[①] 《广角镜：创新的新战略》（*The Wide Lens: A New Strategy for Innovation*），作者：罗恩·阿德内尔（Ron Adner）。参见第三章《采纳链风险：确定最终用户之前请看见所有用户》（*Adoption Chain Risk: Seeing All the Customers before Your End Customer*）。

标所需的最少的产品特性。因此，他们常常针对产品的目标用户人群编写样本新闻稿。这种新闻稿定义了产品如何让客户的生活更加便捷，它为何讨人喜爱，如何开始使用。

新闻稿类似于项目章程，但内容是完全以客户为中心的，而非投资人关注的优先事项。如果产品团队写不出新闻稿，就说明他们很可能对产品的核心特性还没有形成清晰的概念。

影响地图[①]：影响地图是一种视觉化的规划技术，产品团队用它来澄清下面的问题。

- 目标：我们**为何**创建这个产品？我们期望达成的可度量的目标是什么？

- 参与者：**谁**对产品的成功具有重大影响？谁会使用这个产品？产品对谁会产生重大影响？

- 影响：为了达成目标，**如何**让参与者真正进入角色？哪些事情他们非做不可？我们的产品如何改变他们的行为？

- 交付物：在设计产品的时候，我们有**哪些**选择？什么样的试验能展示哪一种选择产生的影响最大？

- 假设：影响地图揭示了**哪些**假设？我们如何验证这些假设？

运行试验

市场验证在先，全面开发在后，这种产品开发方式由来已久。但是，

[①] 《影响地图》（*Impact Mapping*），作者：戈吉克·阿基奇。

小规模的试验可以在把产品发布到一个待验证市场中之前很久就开始[①]。

假设验证：要想找对问题，一个重要的工具是探索不同可能性方案的背后有哪些假设，并检验它们。在宝洁公司，做规划的人需要制定多种可能性方案，然后逐一询问**"这个方案成功运作的必要条件是什么"**。

快速原型：原型应该早点做，而且要经常做。原型能很好地展示创意的具体样子，使快速试错和改进成为可能。而且，它也是真正可靠的创意诞生的必要条件。早期的创意是通向绝妙创意的路上的垫脚石。设计师永远别只给客户展示一种创意。

展开学习：在软件领域，每天将新软件交付生产并不困难。度量客户的真实反应，然后利用学习积累的成果进行调整，这很像精益创业，我们会在第四章再次谈到这个问题。

---

① 这三个著名的工具在珍妮·利特克和蒂姆·奥格尔维的《为增长而设计》一书中有更详细的介绍。

待思考的问题

1. "设计"这个词对你来说意味着什么，是解决如何构架软件的问题，还是创造人们喜欢的东西？

2. 你能把目前做的产品简化为几个最基本（又让人抓狂）的待解决的问题吗，就像威尔伯·莱特把飞行简化为三个基本系统那样？

3. 如果对客户进行调研，他们会对你的工作感到欣喜吗，还是他们仅仅说了句"满意"？如果想让大部分客户喜欢你的工作，需要改变哪些东西？

4. 你是否曾经向客户演示过某个产品概念，而不是写 RPF？是否出现过某些情况，能更好地推动我们去做这样的事情？

5. 从一张白纸开始思考（假装做开发工作的每个人都中了彩票，打算不干了），对于你所做的产品，哪些专业知识才是设计时要关注的重点？

6. 想象你在观察新近完成的一款产品的早期安装版本，看到了一个客户体验方面的重大问题，就像道格·迪茨看到那个孩子被核磁共振扫描仪吓坏了那样。你会重新设计产品来修复这个问题吗？你的公司会支持对产品进行重新设计吗？

7. 在进行新产品开发前，你们公司通常会制定多少种可能性方案？你们是如何对这些方案进行调研的？

8. 在你们公司，决断力被认为是一种重要的特质吗？为什么？决断力的价值是什么？

9. 你能写出当前在做的产品或项目的新闻稿吗？当目标客户看到新闻稿后，他们会迫不及待地想要试用产品吗？

10. 要想让你的产品获得成功，需要哪些利益相关方做出贡献或提供支持？什么样的动机能驱使他们帮助你？

第四章

真正的效率

THE LEAN MINDSET
ASK THE RIGHT QUESTIONS

效率是什么

效率最高的零售商店——可以为顾客提供最低价格和最高价值的商店，是那些为员工提供最高工资、最好福利并拥有稳定的全职员工的商店[1]。

效率最高的美国航空公司——每位乘客每公里劳动力成本最低的航空公司，是那些员工工资最高并且从来没有发生过员工非自愿罢工事件的航空公司[2]。

效率最高的客户服务中心——收到的投诉电话最少并拥有最满意的顾客的客户服务中心，却并非专注于提高员工的生产效率，而是专注于理解引起客户投诉的原因，并消除这些原因[3]。

最有效率的产品开发组织——设计出最有价值的产品的组织，并不是

---

[1] 如需深入了解，请参见本书第一章，以及蔡内普·童的文章《为什么"好工作"对零售业有利》。

[2] 参见《美国新闻周刊》（*Newsweek*）2010 年 2 月 5 日刊杰弗里·普费弗的文章《停止裁员》（*Lay Off the Layoffs*），以及格雷格·班伯（Greg Bamber）、乔迪·霍弗·吉特尔（Jody Hoffer Gittell）、托马斯·科施恩（Thomas Kochan）和安德鲁·冯·诺登费乐奇（Andrew von Nordenflycht）发表在《美国新闻周刊》2010 年 2 月 5 号特刊上的文章《在云端：航空公司如何才能通过员工的参与提升绩效》（*Up in the Air: How Airlines Can Improve Performance by Engaging Their Employees*）。

[3] 《脱离命令和控制：重新思考精益服务管理》（*Freedom from Command and Control: Rethinking Management for Lean Service*），作者：约翰·塞登（John Seddon）。

那些交付最多功能的组织，而是那些只交付正确功能的组织[①]。提升产品开发效率的关键并不是节省产品的开发成本，而是将创造性思维用于开发成功的产品。度量开发效率的唯一可行的指标就是花费在产品整体绩效上的工作量所占的比例。

　　尼克拉斯·莫迪（Niklas Modig）和帕·奥斯龙（Par Ahlstrom）的优秀著作《这就是精益：解决效率悖论》（*This Is Lean: Resolving the Efficiency Paradox*）对资源效率（让每个人都忙碌起来）和流动效率（保持工作的流动）进行了区分。他们揭示了过分关注资源效率将如何引起难以应对的浪费，如排队、工作交接及抖动（Thrashing）。真正有效率的组织主要关注流动效率，因为它提供了一个关于系统的整体视图，而且必定能够产生更好的整体效果。

　　安娜：有些人认为效率就是"精简和吝啬"，这常常意味着裁员、低工资、研发外包和呼叫中心话术脚本。你会觉得这些实践效率不高吗？

　　作者：是的。那些实践既不精益也没有效率。一家具备精益思维的公司会充分利用员工的智慧，不会冷漠地对待其员工。它们为什么不这样做呢？因为有证据清晰地表明，士气低落的员工是不可能产生真正可持续的效率的。精益领导者们意识到，真正的效率来自流动，来自速度，来自学习，也来自关心这些的员工。

[①]《哈佛商业评论》2012 年 5 月刊文章《产品开发的六个迷思》（*Six Myths of Product Development*），作者：史蒂芬·托莫克（Stefan Thomke）和唐纳德·莱纳特森（Donald Reinertsen）。

流动的经验：爱立信

爱立信是通信基础设施供应商中的领导者，所谓通信基础设施就是电话背后的所有东西，它们把无数的电话连接起来并使其变得更加智能。这家公司 1876 年创立于瑞典，在充满活力的电信行业蓬勃发展了一个多世纪。在过去几十年里，电信行业的发展节奏加快了，并且从专注于硬件转变为专注于软件。因此，几年前，爱立信网络开发部门的领导们开始意识到他们陈旧的（虽然曾经非常成功）产品开发方法没办法带领他们走得更远。他们需要以更快速的、比常规商业模式更加可预测的方式向市场推出软件密集型产品。

本节记录了爱立信的两个网络开发部门从大批量开发流程转向持续流动流程的发展历程。在第一个部门中，变革是在一个缩短上市时间的紧急需求的驱动下产生的。第二个部门的变革则是由对更可预测的绩效的热切渴望所激发而产生的。

案例 1：更快地上市

当人们清楚地看到过去的开发方式在市场竞争日益激烈的情况下，不可能具备快速响应需求并交付新产品的能力时，爱立信的一个网络开发部门的经理们设计了一种在产品开发过程中实施大幅度变更的高级别框架。他们将从传统的面向发布的项目模式切换为基于更快速、更关注特性开发的高度授权团队的精益及敏捷模式，这种转型是渐进的，一次一个产品功能域。而且，最重要的是，各团队被要求制定新流程的细节。

变革的第一步就是改变团队成员的组成方式。原有的团队是围绕着职能组建的，新团队则包含大概 7 名跨职能的成员。在团队组建起来之后，大家收到了一份关于新方法的简要介绍。

> » 项目办公室将会跟踪产品的预期特性和集成依赖项，并维护一份持续更新且按优先级排序的预期特性清单。

> » 各团队将会从优先级清单顶部挑选（或被分配）一个特性，各团队负责弄清楚如何交付该特性。

> » 每个特性都有一个由其价值和市场需求决定的时间约束（按照自然周的顺序），各团队必须在那个时间范围内交付这个特性。

> » 特性会被描述成高级别的目标；各团队负责决定特性的实现细节，有时候需要跟销售工程师一起工作，以决定如何划定工作范围才能在规定的时间内达成目标。

> » 团队成员们自行决定如何协作；如果需要额外的专业技能，那么他们必须自己来安排一切。

> » 工作成果必须被持续集成到公共代码库中，这样才能尽快发现缺陷，保持代码的整洁，发现隐藏的依赖关系。

> » 一个团队在同一时间只开发一个特性。只有当这个特性被测试、集成，并完成部署的准备工作后，团队才可以启动下一个特性的开发工作。

> » 发布版本与特性解耦，发布的时间间隔固定；所有已完成的特性都会被打包进下一个发布版本中。

这份介绍想要传达的信息清晰明了："我们大致知道客户想要什么和什么时候要。我们希望你们自行思考每个特性的细节并决定如何实现它，我们会支持你们。"

效果立竿见影。变更请求连同它们过去常常会吞掉的大量时间和能量，就此消失了。因为任何事情都是尽可能晚地做决定，所以大家不会浪费时间去修改"计划"。内部那些烦人的报告也明显地减少了，因为大部分问题都在源头由跨职能团队内部解决了。软件的建构时间急剧缩短，以某个案为例，构建时间从原来的 17 个小时缩短至 5 分钟。这背后并没有什么高深的学问，仅仅是因为如果在一个月内只做一次集成，那么根本不可能做到快速构建，但是当你一天构建好几次来同步几个团队的工作进展时，你就能非常快速地投入时间，以缩短构建所需的时间。

转型的首要目标是缩短产品的上市时间，并确保从启动开发到现场测试的时间缩短一半。质量也提升了；在主干分支上只有少量的缺陷，而客户报告的缺陷也很少。另外，更多的工作得以完成。微调之后，开发每个特性所花费的时间缩短了 50%。而且，它们都是"正确"的特性：销售工程师报告称那些特性的"点击率"提高了，产品在符合客户期待方面比以前表现得更好了。这毫无疑问是由开发组织和客户之间的对话质量提升引起的；客户提出需求与开发组织响应之间的时间间隔变得更短了，更多的开发团队能够定期获得客户的反馈。

也许最重要的是从团队成员那里获得的令人惊喜的反馈。一位非常资深的工程师曾经无意中听到这样一段对话。一个团队组长说："在过去，如果把人员分配到多个项目中，就会因为他们需要在不同的项目之间频繁切换、从头开始而造成浪费。情况变糟之后，他们就都跑到别的项目里去了。现在情况不一样了，我们紧密合作，共同解决问题。"另一个团队组长说："大家通过紧密合作来解决问题，这种方式让现在的我们可以充分发挥所有的能力。"

组织

在一次对参与此次变革的经理们的访谈中，我们问他们，在新的组织结构下角色变化导致的结果是什么。他们说，也许最具挑战性的问题是维护同一个产品，但同时期待多个团队独立地负责他们要交付的特性。他们解释说，在这种情况下，需要架构师和模块专家作为团队之间的黏合剂。架构师和专家坚守技术领域的职责，但是他们也需要向团队提供支持而不是为特性承担责任。因此，这些专家以老师和协调者的角色为切入点介入团队、拆分需求并把它们分配给各个团队，帮助各个团队找出应该由他们实现的细节。扮演这个角色对有些专家来说比其他人更容易一些，但久而久之，这种矩阵式的方法变成了一种可以大规模扩展的卓越方法。它让爱立信维持了原有的组织结构及其贡献的价值，这也让它成了一种"安全"的方法。同时，它也被证明是一种非常高效的组织结构，既可以使团队借助其转型为更小、更有责任感的团队，又可以在开发大型产品时保持一致性。

以前，在团队需要一个组件专家时，他们会去寻求组件专家的帮助并等待组件专家到位。在新的系统里，很显然不会再发生这样的事情了："你们已经拥有了你们需要的所有人，你们必须自己解决问题。如果你们需要向同事求助，那就去做吧。"有意思的是，这让各个团队之间产生了一个互惠互利的非正式系统："如果你们今天对我们雪中送炭，我们明天也会对你们投桃报李。"这个系统对管理层来说可见度不高，但是它在帮助大家把工作搞定这个方面非常有效。

当然，在小团队专注于交付特性时，仍然要有人关注整体情况。项目办公室负责产品级别的计划和架构等跑道型工作，并"分解计划"（将一个大的特性分解成可以被团队一步一步实现的小特性块）。项目办公室鼓励大家使用一种名为"恰如其分"或者"刚刚好"（Just Enough）的方法。这种方法提倡团队专注于关键特性或者"最小可上市特性组"。将来如果觉得因为缺失了某些特性而破坏了产品，就会把它们加上。结果证明，在后期添加特性比基于不成熟的决策来缩减特性范围容易多了。这种方法被运用在两个层面上：在高级别层面上，"正确的特性"只会在团队启动开发之前才会被挑选出来；在细节层面上，团队会在"刚刚好"的时间点决定特性的具体行为。

　　软件开发工作由这个开发部门设置在不同时区的两个团队共同完成。转型规划者们并不打算让这次转型影响团队，因此，特性团队的所有成员都在同一个地点办公。当需要跨团队协作时，一个团队的人员可以出差，并与另一个团队沟通。从整体上来说，因为交付完整特性的职责被交给在同一个地点办公的团队，所以多地点办公并没有对开发流程产生很大的影响。

案例 2：可预测的交付

　　　　　　　与此同时，爱立信的另一个网络开发部门正在寻找一种更可预测的开发流程，这样他们就能对客户做出更可靠的承诺。领导们开始就开发流程与项目经理、业务部门经理、技术经理、设计师以及负责集成、验证、认证和部署的人员开展讨论，以获得端到端的视角。因为在一起工作，这些团队"发现"了不确定性椎体（The Cone of Uncertainty）①："我们离交付时间越远，我们就面临越多的不确

---

① 不确定性椎体是由巴里·勃姆（Barry Boehm）于 1981 年在他的《软件工程经济学》（*Software Engineering Economics*）一书中提出的。他绘制出了项目估算的确定性随着时间变化的趋势图。在项目初期，估算有四成的可能性是错的；估算会随着项目的进展变得越来越精确。

定性。"

接受了"在产品开发过程中不可能精确地预测到底何时能把工作完成"这个事实之后，领导们决定，估算值应该用一个范围区间来表示，如最短时间、可能时间和最长时间。他们也意识到，提前为一个庞大的项目制订计划会浪费很多时间，因为这里面有太多的不确定性。借鉴前面案例 1 中我们描述的敏捷转型初期的方法，经理们决定放弃那种一次完成一大批特性的项目式的开发管理模式，转而采用一次开发一个特性的开发管理模式。版本发布将和特性开发工作分离，发布周期则是固定的。任何在发布最后期限前准备好的特性都可以被打包到即将发布的版本中。

敏捷转型计划是从组建一个大概 7 个人的跨职能团队开始的。团队的技术组长（我们称为产品负责人）将和产品经理（位于总部）紧密合作。每个团队都在开发下一个最重要的特性，每次只开发一个特性。特性可以非常大，因此常常需要多个团队同时开发同一个特性。尽管开发人员分散在世界 6 个不同的地点，但开发同一个特性的团队最好在同一个地点办公。

为了实施这个转型计划，管理团队专注于三件事情——文化、实践和流程、组织结构。

1. 文化

"既然我们生活在一个充满不确定性的时代，我们就不要再掩盖事实，使事情变得更糟了。"一位经理说。管理层相信团队能够付出最大努力来完成工作，他们的确做到了，这消除了团队一遇到问题就向上级请示的弊端。开发团队每周估算每个特性的完成度并把估算结果发送给规划团队，规划团队据此绘制图表。经理绘制了一个图形（见图4-1）样例并解释如下。

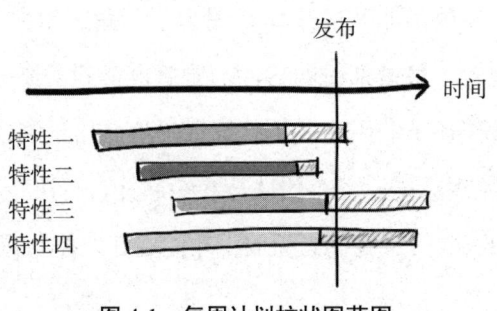

图 4-1　每周计划柱状图草图

　　图表顶部是时间轴，垂直线是下一次发布时间。每一个等待中的特性都有一个由团队提交的完成时间范围。阴影部分就是这个范围，它们体现了不确定性。在本案例中，假设我们想要在下一次发布四个特性，我们可以看到：特性一和特性二可能没有什么问题，特性三有风险，特性四需要留意。但是，因为我们能很早就看到问题，所以我们拥有足够的时间做出选择：让更多的团队参与一个特性的开发工作，或者从特性中去掉部分内容，或者把这个特性推迟到下一次发布。

2. 实践和流程

　　组织决定将 Scrum 作为其流程，并且培养了培训师和教练，这样他们就可以为团队提供培训和辅导了。他们使得高优先级项目能够按计划完成。一年之后，当项目都完成的时候，特性团队又会重新组建起来。

3. 组织结构

　　规划团队还改变了组织结构来支持特性团队。针对所有特性的架构评审以固定的周期举行（通常是一周一次），这使产品在各个团队之间保持着完整性。

成效是非凡的。18 个月以后，每一次发布都能按时进行，并包含了最被期盼的特性。质量也得到了显著的提高。技术债也被偿还了。因为并不打算过早地做出预测，所以团队可以做出可靠的承诺并兑现承诺。各个团队待在一起并自行决定如何更好地工作。正如一位经理说的那样："我们必须放手才能更好地控制。"

小结

爱立信网络事业部仍然处于转型过程中，因为高度强调本地化决策，在组织内部有很多不同的敏捷和精益实施方法并存。有些开发团队专注于实施特定的敏捷实践。另外一些团队则强调快速流动以及缩短客户与开发团队之间的反馈环，鼓励团队寻找更好的办法来达成目标。不过，在所有的案例中，人们都在跨职能团队里工作，互相学习，并关注客户。最终的结果是，越来越多有智慧、有创造性的思维被引入，从而形成了一条基本准则：对极速变化的市场做出快速的、可信赖的响应。

> 安娜：难以置信，爱立信竟然舍弃了"项目"模式。
>
> 作者：爱立信曾经按照职能组织团队，并让项目经理通过协调不同的职能团队为产品的交付能力负责。人们一直在使用这种架构，而且效果也不错，但是它带来了很多的问题。首先，团队之间的信息传递变得非常低效；知识在每一次传递过程中都有遗漏，而时间也在每一次传递过程中被浪费掉。随着信息传递数量的增加，问题就变得不再是线性的了。此外；不同职能的员工被分配到多个项目中，需要同时完成多项任

务，这将导致效率下降。低效的信息传递和多任务降低了工作速度，并导致上市时间一再延迟。

项目经常在特性之间创建人工耦合，但事实上这些特性能够、通常也应该被视为独立的概念。舍弃"项目"模式是帮助团队以更全面、更关注客户的方式来看待每一个独立的特性的关键步骤。围绕特性组织开发活动也有助于消除多任务，因为团队在同一时间只开发一个特性。

最后，与基于任务日程表的管理方式相比，基于工作流的管理方式给了经理们更多的控制力，并交付了更多可预测的结果，正如我们在案例 2 中看到的那样。

奥托：对我而言，看起来团队似乎并不是真正的自治，他们有一个负责整体规划和整体架构的团队。

作者：爱立信是平台创建者，这些平台都是非常复杂的系统。任何创建平台的公司都必须创建一个非常复杂的基础架构，不管是亚马逊的云服务或者苹果的应用商店，还是谷歌的搜索服务或者 Facebook 平台，都是一样的。只要拥有这样一个庞大的、复杂的基础架构，就需要系统级的协调和整体架构。

让我们来看看案例 1 更多的细节吧。为了利用团队更快速、小型、固定不变等优势，跨职能团队被赋予一次交付一个特性的职责。团队成员对开发哪一个特性及有多少时间来完成这个特性的掌控力是有限的，但是他们对特性的细节及如何实现它却有着极大的控制权。特性是从当下客户认为最重要的需求中挑选出来的，因此团队正在开发的东西真的很重要。

尽可能把决策权从职能专家或项目经理手中移交到值得信任并能做出良

好决策的小型团队手中。要为团队提供一个支持系统，该系统要设计好整个产品策略，并维护产品架构和组件的完整性。团队接受他们的职责，为了兑现他们的承诺，团队偶尔会建立非正式的互惠网络，作为正式的支持系统的补充。

最后，产品上市速度是以前的 2 倍。这并不是说相同的工作量现在只需要花一半的时间就能完成；真正发生的事情是"正确"的工作只花了之前一半的时间就完成了（"点击率"上升了）。还有很多其他的好事发生了：质量提高了，工程师的参与度也提高了，销售工程师们更开心了。这些都是基于工作流的系统带来的结果。

速度的经验：凯业必达 [①]

回到互联网刚刚开始流行的日子（即 20 世纪 90 年代后期），到处都是蜂拥而至并在这个新地盘上创建可行业务的创业公司。凯业必达正是其中的一家。它的小型软件开发团队使用微软当时的工具。客户端使用 Visual Basic，服务器端使用动态服务器页面（Active Server Pages，ASP），两者之间的沟通则用组建对象模型（Component Object Model，COM）对象。他们飞快地建立了网站，并且只要有特性准备好了，就可以随时部署软件。他

---

① CareerBuilder.com（凯业必达）是美国最大的、访问量最多的在线求职网站之一，它的技术能力比其他 1 000 多个求职网站更强大。凯业必达拥有约 2 000 名员工，他们分布在世界各地的 60 多个市场。本节信息来自对凯业必达 CTO 埃里克·普雷斯利的访谈。

们建立了一条将有效工作信息从客户公司数据库迁移到凯业必达数据库的路径，一种让人们搜索工作机会和不断发展额外能力的方式。

这家公司是成功的。它一直在成长，并完成了很多收购。软件也变得复杂了。在客户端和服务器之间增加了一个本地消息层，用来降低依赖。在一段时间内，这种方式是有效的，程序员仍然能够一边开发一边部署自己的软件。这样的成功和发展一直持续着。到 2003 年之前，大约有 36 个程序员支持着庞大的服务。复杂度开始再次超出控制，就像它一贯的那样，发展使依赖的增长超出了组织的管理能力。

在那时发生了两件事：微软推广 .NET 技术，凯业必达的 IT 主管发现一位作家出版了一本新书《精益软件开发工具》(*Lean Software Development*)。他们决定使用 .NET 工具集来控制复杂度，并使用精益开发原则来指导他们做出关于如何实现转型的决策。凯业必达遵循精益原则，逐渐迁移到了 .NET，测试现有系统的内部变化，优先处理最困难的挑战。

随着 .NET 的到来，所有软件都在部署之前都被编译和签出，这被视为最显著的优势。从另一方面来说，曾经为该公司如此良好地运行多年的本地化按需部署已经不再可行了。发布版本必须在整个系统的所有项目之间实现同步。这是凯业必达第一次体验系统级发布的痛苦。领导们开始自问：**我们到底希望多久经历一次这种痛苦？我们应该持续每日发布系统吗？一周如何？或许每月一次？**

拒绝错误的取舍

凯业必达的所有人已经习惯了那种通过每日部署实现小规模快速变更的工作方式，他们很难想象放弃这种响应能力

之后会是什么样子。当时，大多数公司都相信速度和高质量是不可兼得的。然而，凯业必达的团队学习了精益的概念并逐渐得出结论，这是一种错误的取舍。他们开始理解，较高的速度能够促使大家因严格的纪律和更高的质量而团结起来。因此，他们决定不必为了获得更高的质量而放弃每日部署；取而代之的是，他们必须想办法增加一些约束来使这种工作方式运行起来。

每日发布是非常困难的，总是会带来很多麻烦。但是，凯业必达没有抛弃这种理念，而是去寻找一些方法来使这种工作方式更好地运行。程序员学习了测试驱动开发（Test Driven Development，TDD）并开始使用单元测试框架。公司采用 Selenium 进行自动化功能测试。随着发布前的测试规模变得越来越大，并且软件打包越来越频繁，凯业必达投入了更多的时间和资金来缩短发布之间的测试时间。他们投入了更多的人、虚拟化工具以及他们能够得到的硬件，这样一来，他们就能做到快速地将生产数据导入测试环境等以前做不到的事情。

现在问题来了：**什么时候拉取代码来运行针对每日发布的测试是合适的呢？** 如果截止点太晚又恰好碰上了打包问题，那么这个问题很可能在大家回家之后才会浮出水面。但是，如果把截止点提前，则意味着当天晚些时候进行的开发工作只能等到第二天下班前才能进入生产环境。当从全球范围内拉取这些代码，即全球范围内的每个时区都会贡献代码时，这个问题会变得非常复杂。最终，公司想出了一个发布方法，它既简单又巧妙。凯业必达不是每天打包一次从全球范围内拉取的代码，而是每小时一次。这样一来，在每天下班之前，亚特兰大开发团队就会把最后一个好版本发布到生产环境中。通常来说，这个好版本会在下班前不到一个小时（或者两个小时）的时候完成。这种工作方式运行得非常好，以至于凯业必达开始每天发布两次——第一次是在亚特兰大的早上，即上海团队下班之前。

为速度组织工作

从第一天开始，凯业必达的产品开发领导们就贯彻了精益原则——**根据工作能力限制工作量**。他们明白一个超负荷的系统会降低所有环节的速度，而且认为速度是成功的基础。凯业必达有大约 30 个产品域，如职位发布、简历数据库、搜索等。每一个产品域都会被分配一到两个工作队列；每一个队列由一到两个程序员来处理（通常是两个）。一个队列可以有一个正在进行的项目和最多三个等待中的项目——永远不要太多。项目的规模必须足够小——不长于三周。这样一来，一个队列永远不会包含超过两个人总工作量四分之一的工作量。一个包含两个队列的、处于忙碌状态的凯业必达产品域如图 4-2 所示。

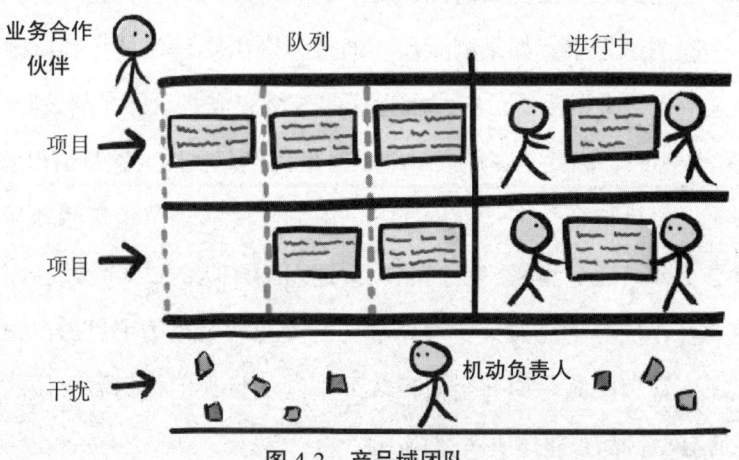

图 4-2　产品域团队

产品域队列由 1 个业务合作伙伴（Business Partner）维护，并由拥有 5 个工程师的团队支持。每个队列有 2 个工程师，他们专注于使系统符合业务需求。他们跟业务合作伙伴保持联系，共同决定如何解决当下的问题以及产品域接下来的需求。

产品域团队还有 1 个机动负责人，他是专门处理干扰、与其他团队的依赖关系以及来自业务合作伙伴的问题的工程师。来自业务合作伙伴的问题必须及时解决，以保持系统的整体健康。机动负责人可以是永久性角色，也可以由处理队列的程序员轮流充当这个角色。不管是哪种情况，凯业必达都将机动负责人这个角色视为业务成本；如果有人专门处理由复杂度和依赖关系造成的系统干扰，那么团队中的其他人就可以专注于项目本身了。

本地责任

凯业必达永远不会有质量保障这个职能部门，开发工程师负责交付高质量的产品。程序员将他们的工作交接给一个中央部署小组，他们负责运行包含单元测试和功能测试的测试框架。每个小时都会构建一次系统，并且运行一次测试框架。如果测试没有通过，则需要程序员找到原因并解决问题。这不是一个沉重的负担，因为这些事情完成之后，在测试开始之前，只剩下一个小时，因此，在最后一个小时里仍然存在的问题是值得解决的。

以前，项目组合管理是集中式的，由领导团队决定将哪些项目排入队列。但是，公司通过为每一个产品域组建专门团队的试验发现，团队跟他们的业务合作伙伴不需要集中管理系统的支持就可以为项目做出很好的决策。现在，管理团队每周开会监控队列中的项目，但他们需要做的通常只是确保所有项目都跟整体决策保持一致。

凯业必达在世界各地都进行了并购，并在欧洲以及印度和中国建立了研发中心。这些研发中心是支持其所在区域的业务的支柱，因为该公司发现，当开发团队和业务合作伙伴在同一个时区工作时工作进展最佳，其次是两者在相邻的时区时。每日部署和短周期项目使得业务人员和技术人员之间需要密切联系和频繁沟通，花上半天时间才能让信息传遍整个团队的做法已经变得不可接受了。

当发生收购时，新加入的工程师会学习凯业必达平台的好处和开发工作的基本规则：每日发布，短队列，小而精且只专注于某些业务问题的团队。然后，他们会被督促着思考如何融入这个环境。来自巴黎的凯业必达工程师们报告说，他们花了一年时间努力工作才跟上每日发布的节奏，但是经过这些投入之后，他们很难想象再采用其他的工作方式。

无限的学习机会

凯业必达是一家成功的公司，尽管它面对的是一个非常具有挑战性并且变化极快的市场。在这种背景下，以每日发布这种方式体现的速度和纪律让公司运行得非常好。"我觉得我们有无限的学习机会，"凯业必达的技术总监埃里克·普莱斯利（Eric Presley）说，"我们不需要等待着学习，这一点非常重要。"程序员们不必使正确的方法理论化。他们可以采用他们所能想到的最简单的方式去解决一个业务问题（或许需要花上半天时间），并在第二天确定这是不是一个好的解决方案。如果不是，客户会很清楚最好的替代方案是什么。"为用户提供一些功能不是什么问题，这永远不需要讨论。关键是要百分之百地专注于当下的业务问题。"普莱斯利说。

凯业必达的领导团队一直很看重每日发布所带来的快速响应的价值，因此，他们从不质疑是否有必要支持很多人所认为的非常规方法。"我们公司的价值观之一就是敏捷，"普莱斯利说，"如果你认可这个价值观，就最好尽快地发布产品。我们一直都很清楚，要想从精益中获得巨大的收益，公司的企业文化必须支持它。我们公司一直拥有这样的优势，我们的企业文化很自然地支持精益，将敏捷作为公司的价值观之一，而且支持将失败和学习关联起来。我们仍在不断地学习。"

埃里克·普莱斯利曾告诉过我们，他认为最重要的精益原则就是快速交付。我们很惊讶，但是他的逻辑无法反驳。他解释道："如果你交付快速，你就能关注客户；你必须消除浪费；你必须确保高质量；你必须不断地学习；决策必须由整个团队做出；你必须持续改进，并且不断地优化整个系统。"

奥托：凯业必达使每日部署看起来如此容易。

作者：回到 2003 年，每日发布还只是一个激进的理念。当时人们普遍认为如此快速的发布是非常有风险的，而控制风险的工具才正在开发中。凯业必达花了很长的时间才真正体会到每日部署所带来的好处。每日部署并没有那么容易。

安娜：你认为凯业必达在每日部署这件事情上的决策正确吗？看起来他们在这个上面花了很多钱。

作者：他们绝对做了最正确的决策！大多数软件开发组织的最大瓶颈是在开发周期的最后环节需要投入巨大的精力去集成系统。这很容易耗掉整个周期 30% 甚至更多的时间，并且这纯属浪费。以前，缺陷产生后隔好几天甚至一周后才会被发现，而凯业必达的缺陷通常在几个小时之内就会被发现。这是一种高效得多的开发流程。虽然每日部署有一个很陡峭的学习曲线，但它最终为凯业必达节省的钱远比花费的多。

杰斯·亨布尔和戴夫·法利（Dave Farley）在 2010 年出版的《持续交付》（*Continuous Delivery*）一书中权威而详细地总结了如何在频繁发布中解决问题，这本书是全世界很多软件开发组织的指导手册。近来，当我们会见开发云服务、手机软件和交付软件即服务（Software as a Service，SaaS）的团队时，我们发现大多数团队都正在尝试遵循《持续交付》介绍的操作方法，并以每周、每天甚至更短的周期发布版本。

经验学习：精益创业

当一家公司刚开始创业的时候，还不需要担心多久发布一款产品；创始人需要做的是问问自己：**我们应该在什么时候首次向市场发布我们伟大的产品？** 在 20 世纪 90 年代，产品发布是一件大事。创始人总是想要确保万事俱备，产品发布是成功之前的关键一跃。这通常意味着产品已经"完成了"并"准备好了迎接闪耀时刻"。

当时有一种普遍的心理，即那些"真正的"公司不会在它们"完成"之前发布产品。这在产品需要由工厂来生产的情况下可能还是很合理的。但是，对软件产品来说，产品应该在"正确"的时间发布这种想法是在计算机还非常庞大且昂贵、大多数程序员都在大公司的 IT 部门工作的时代产生的。当时，软件被认为是非常难以修改的，因此它必须在发布之前"完成"。

事实上，在互联网时代之前，软件产品确实是很难修改的。一旦软盘或光盘被分发出去，修改软件的代价会非常高昂。即使在互联网行业螺旋向上发展的时期，软件升级也会产生可观的费用。但是，逐渐地，反病毒软件公司和操作系统公司找到了如何以最低的代价把软件的升级版本推送给客户的办法。不过，软件产品要在发布之前"完成"的心态仍然普遍存在。谷歌曾经推出贝塔（Beta）版本的产品，当时人们都认为这是一种反常的行为。

即使在今天，仍然有很多公司认为发布一款未完成的软件产品等同于发布一款低质量的产品；它们害怕这会让客户产生很差的第一印象，还担心竞争对手可能会窃取他们的创意。坦白地说，这些顾虑中有很多是合乎情理的。但是，对于低质量的顾虑并不合理；对任何软件来说，有缺陷就是有缺陷，并没有什么借口好找。就像我们在凯业必达看到的那样，软件可以在开发过程中的任何时候都保持高质量；任何从程序员工作站里出来的代码都可以（也应该是）是零缺陷的。

另一方面，对客户可能会对未完成的产品产生很坏的第一印象的顾虑也是合理的。事实上，当产品的主要卖点是其交付的体验时，公司最好推迟发布软件，直到其体验达到合适的水平。

最后，如果产品非常容易被复制，那么害怕竞争对手窃取创意的想法可能也是合理的。但是，设计精良并拥有非常成功的商业模式的产品已经被证明是很难复制的，因为实现成功所需要做的远比我们能够看到的多。以 Dropbox 公司为例，当它刚成立的时候，市场中已经有几十家提供网络存储服务的公司了。但是，Dropbox 的商业模式不一样，它专注于在多个设备之间同步数据及其状态。结果证明，随着个人设备数量的快速增加，使多台个人设备上的数据保持同步给用户带来了极大的便利。现在，最重要的事情已经不是设备了，而是由 Dropbox 维护的数据状态。Dropbox 的操作方式是直觉式的，它可以运行在任意设备上，还可以通过用户推荐获得不断的推广，这一切都很不错。但是，这种模式却很难复制，因为它交付的潜在价值是不依赖于任何设备。对早期竞争者来说，这一点并不容易发现。

构建—度量—学习

2011 年，埃里克·莱斯（Eric Ries）在他的《精益创业》（*The Lean Startup*）一书中建议使用科学的方法来提高创业的成功率。在导语部分，他写道："在整个职业生涯中，我持续经历着这样的事情，我非常努力地开发产品，但它最终在市场中失败了。"他引用了一个例子，在经历数月的艰苦奋战后，他和别人联合创立的一家公司 IMVU 完成了一个他认为极其重要的特性。然而，这个特性在发布之后却无人使用。调查显示，这个特性背后的一个假设是完全错误的。因此，几个月以来花费在这个特性上的所有努力都是浪费[①]。

通过类似的经历，莱斯终于意识到创业公司都是建立在一系列假设的基础上的，并且几乎可以肯定的是，其中一些假设是错误的。因此，在早期而不是最后去验证这些假设是一个非常棒的主意。怎么做呢？你不能等到产品彻底开发完成才去发布，而要尽可能快地发布最小可行产品（Minimum Viable Product，MVP），通过它来检验并优化假设。莱斯注意到，IMVU 公司在最初几个月里真正的进展就是明白了要为客户创造什么价值。他们花费时间所做的其他所有工作实际上都是浪费[②]。

精益创业法建立在这样一个理念的基础上：创业公司的主要工作是学习如何构建一个可持续的业务。完成这项工作的最佳方式是，通过那些能

---

① 不幸的是，这不是一个孤立的事件，而是普遍现象。

② 《精益创业》，作者：埃里克·莱斯。

够揭示产品性能和业务绩效之间的因果关系的试验来验证商业假设的正确性。产品开发过程变成了一系列的 **"构建—度量—学习"** 循环，即首先构建一个特性，然后度量其是否真正地交付了之前期望的结果，然后从该结果中学习经验。

　　为了描绘这种构想，莱斯讲述了 Grochit 公司的故事。该公司推出了一个广受好评的、可以帮助人们通过大学入学考试的网站[①]。开发团队使用高度自律的敏捷流程，并交付了可靠的特性，这是其创始人法布德·尼维（Farbood Nivi）所认为的最重要的一点。

　　但是，有一天莱斯向开发团队成员问了一个简单的问题："你们怎么判断法布德所决定的优先级是否真的合理呢？"他们回答道："那不是我们的责任。法布德做决定，我们执行就是了[②]。"这个答案值得我们深思。它告诉我们，Grockit 开发团队只是在做他们被要求的事情，他们不用为他们所开发的产品成功与否背负任何责任。他们把所有关于产品的决定都留给法布德去做，但他既没有时间也没有工具来判断他做的这些决定是不是都是正确的。但是，对从事技术工作的人来说，判断决定正确与否终止那些浪费了大量时间而最终却可能毫无用处的工作的好办法。

　　理解了"构建—度量—学习"循环的力量之后，法布德要求开发团队介入整个循环过程，并为产品的成功与否承担责任。团队开始使用 A/B 测试部署特性；一个特性在能够使用精确数据揭示这个特性对关键业务指标有什么影响之前不会被认为是完整的。这让每个人都深刻地理解了每个具体的特性是如何影响整体的业务绩效的，并极大地提升了产品团队和创始

[①] 《精益创业》，作者：埃里克·莱斯。

[②] 同上。

人推动业务向前的能力。

安娜：精益创业法看起来主要适用于小公司。

作者：恰恰相反，一些大公司发现精益创业思想可以很好地应用于新产品开发。托德·帕克（我们在第一章讲过他的故事）鼓励政府团队在创建公众可获取的数据集时也使用了精益创业法。第五章将会重点介绍一家 40 亿美元规模的公司——财捷，该公司鼓励产品团队提出关于新产品的创意，并使用精益创业法来验证这些创意。通用电气公司也宣称他们开展了精益创业实践 [1]。

玛丽曾在 3M 公司工作，在那里，箴言"做一点，卖一点"鼓励着产品团队生产、品牌化、包装并销售小规模的新产品，以了解客户想要什么及如何才能使产品获得成功。因此，精益创业思想当然可以在大公司里面奏效。

奥托：MVP 是什么？怎么判断什么时候可以发布它？

作者：确定将产品创意公之于众的时间点是一个主观判断，在不同的领域，这个时间点是不同的。有些领域要求产品完整，这种产品可能需要花好几年的时间来构建；在另外一些领域，发布测试版本只需要花短短几个星期的时间。

明白这一点的最佳办法或许是看看瑞典创业公司 Spotify 的产品开发流程。在下一节里，你将看到 Spotify 是如何通过专注于他们认为客户会喜欢的

---

① 来自 Lean Startup 2012 大会中贝丝·科姆斯多克（Beth Comstock）和埃里克·莱斯的演讲。

产品设计开始工作的。一旦他们对产品设计满意了，就会构建产品的简单版本并进行内部测试，这就是 MVP。当他们认为 MVP 好到可以公开发布的时候，就会对小部分用户开放 MVP，并使用一系列的"构建—度量—学习"循环来测试和改进产品。他们通过这些循环持续地改进产品，直到最终认定产品已经足够完善，可以向所有用户发布了。向所有用户发布产品之后，他们还会继续通过"构建—度量—学习"循环改进产品，直到这款产品成为一款非常稳定健壮的产品。

构建正确的产品：Spotify

Spotify 是瑞典的一家创办于 2008 年 10 月的流媒体音乐服务公司。用户可以通过其产品在各种不同的设备上获取几百万首歌曲，并针对播放的歌曲向艺术家及版权所有者付费。这家公司发展速度极快，现在他们在斯德哥尔摩的办公室已经有几百名员工了。我们真诚地感谢亨里克·尼伯格写了这篇描绘 Spotify 如何构建产品的文章。

Spotify 如何构建产品

——由亨里克·尼伯格[1] 撰写及绘制

产品开发并不简单。事实上，大多数产品开发活动最后都以失败告终。而产品开发失败最普遍的原因就是构建了错误的产品。

Spotify 是瑞典的一家精益创业公司，他们在产品交付上的表现让人惊叹。他们的产品被用户和艺术家们所喜爱，并被广泛地、如病毒般地传播开来。他们拥有超过 2 000 万个活跃用户、500 万个付费订阅用户，而且这些数字还在快速增长。例如，在美国这个有着大量潜在用户的海外市场，付费订阅用户数量从零增加到 100 万大概只花了一年的时间。

其产品被设计得如此简单、个性化并且有趣。这里有一个悖论：像 Spotify 这样成功的公司希望只交付人们喜爱的产品；但是，如果他们不交付产品，他们就不知道人们是否喜爱这个产品。

那么，他们是怎么做到的呢？本节将对 Spotify 公司开发产品的方法做一个高度的概括。

概要

我们的核心理念是：

✦ 我们创造具有创新性的产品，并在早期通过低成本的原型来管理

---

[1] 免责申明：跟所有模式一样，这是对实际情况的一种简化。我们并不是总是遵循这个流程，并且会有很多本地化的变体。不过，本文应该可以说明大意。本文素材源自跟古斯塔夫·索德斯特罗姆（Gustav Söderström）、奥斯卡·斯塔尔（Oskar Stål）和奥洛夫·卡尔森（Olof Carlson）的讨论以及他们的内部文档和框架，如"思考、构建、发布、调整"框架。通过跟设计师、程序员和敏捷教练谈话，我也学到了很多。感谢每一个人！

风险；

+ 我们并不按照固定周期发布产品，我们以质量为标准发布产品；

+ 我们确保产品从"不错"（第一次发布时的）变成"让人赞叹"（通过发布后的持续改进）。

所有的重要产品基本都会经历四个阶段——思考、构建、发布和调整。图 4-3 描绘了从概念到产品的流程，以及每个阶段的产出。

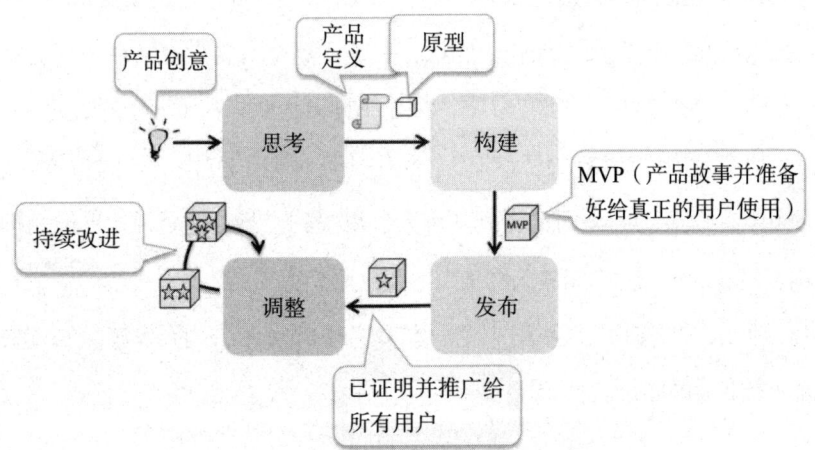

图 4-3　从概念到产品的产品开发流程概要视图

+ **思考**：确定我们正在开发的是哪一类产品，以及为什么要开发。

+ **构建**：创建一个 MVP，供核心用户使用。

+ **发布**：一边度量，一边改进，逐渐把产品推向所有用户。

+ **调整**：持续改进产品。这是一种真正的结束状态；产品持续处于调整阶段，直到终止使用或者重新定义（也就是回到思考阶段）。

Spotify 有 30 多个战队[①]和一系列不同的产品，为了保持对进行中的工作的跟踪，并将跟踪情况展示给公司里面的其他人，我们使用产品状态板来展示开发中的产品。图 4-4 大致展示了产品状态板的样子。

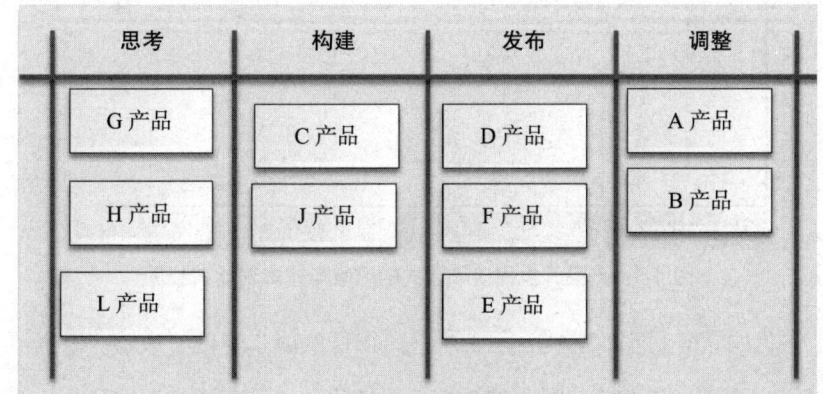

图 4-4　产品状态板

各个战队定期更新他们对产品在什么日期范围（从 X 日到 Y 日）才能进入下一个阶段的估算，我们则借助这些估算针对预测机制进行试验。

为什么是四个阶段

对产品开发来说，最大的风险就是构建了错误的产品——一款既不能取悦我们的用户，也不能帮助我们改进关键指标的产品，这些指标包含用户获取、用户留存等。我们称这种风险为产品风险。

四阶段模式可以帮助我们有效地降低风险，并快速地发布产品。图 4-5 展示了产品风险（实线）在每个阶段降低了多少，以及每个阶段的成本密集程度（虚线）如何。

---

① 战队（Squad）是一种小型的、跨学科的自组织开发团队。

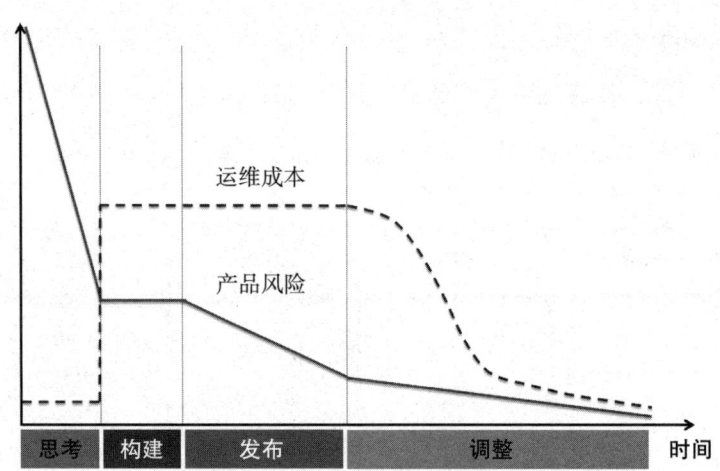

图 4-5　产品开发四阶段模式的风险与成本对比曲线图

正如你所看到的那样，思考阶段以很低的成本降低了风险。你也可以明白为什么我们希望尽可能地缩短构建阶段（运营成本高，风险几乎没有降低）。在调整阶段，逐渐减少的运营成本说明：随着时间的推移，产品不再需要那么频繁的更新了，团队可以开始启动别的工作了。

每个阶段的持续时间各不相同，图 4-5 中展示的比率只是一个例子。不同产品所花费的总时间也非常不同：很多产品在几个月内就开发出来了，但也有一些产品需要花费半年或者更长的时间。不过，在每个阶段，版本发布（即使只是在内部）都会持续不断地进行。

因此，让我们更仔细地看看每个阶段的情况。

思考

有关产品的创意一直在产生，并且可能来自公司里面的任何人。大多数创意都是对现有产品的改进（即调整），战队有可能直接实现它并自行发布。

当有人提出一个关于新产品的创意或者希望重新定义现有产品时，就进入了思考阶段（见图4-6）。

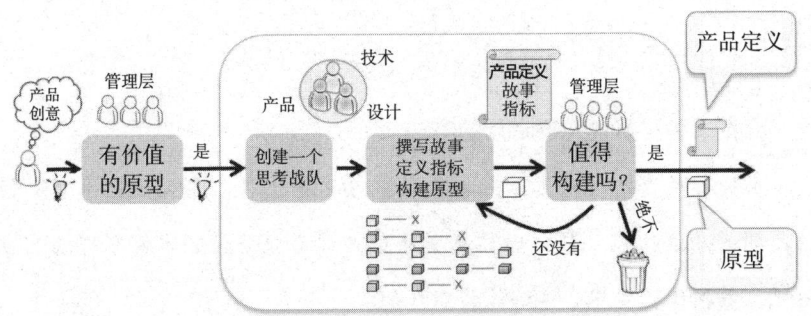

图4-6 思考阶段

如果管理层认为这些创意值得探究，就会成立一个小型的、跨职能的思考战队。这种战队通常由1个程序员、1个设计师和1个产品组长组成。他们的工作是编写产品定义和构建一个令人信服的原型。

产品定义是一份简短的文档，它回答了下列问题。

+ 我们为什么要构建这个产品？谁会从中受益？如何受益？

+ 如果我们期望改进这款产品，那么关键指标是什么？这些指标有可能是音乐播放量、音乐下载量和登录账户数等度量性指标。

+ 这是一个"阶跃变化"（Step Change，比如产品在选定的指标方面产生至少2倍的提升）吗？如果我们只是期望这些指标能够有较小幅度的提升，最好有足够强大的其他理由，比如，一个战略层面的原因。

产品定义不是一份需求文档或者项目计划。它不含有特性清单、预算、资源计划等诸如此类的信息。它更像一份以数据驱动为目的的声明。

产品定义最重要的部分就是故事。你想要告诉世界什么样的故事？把它写成新闻稿的话，应该是什么样子的？

例如，下面是从一段 Spotify 为展示"发现"这个选项卡而制作的小视频中节选出来的故事：

介绍一种更好的发掘音乐的方法。

瞧！你最喜欢的艺术家正好向你分享了一首歌。我们使艺术家和粉丝之间的距离比以往任何时候都更接近。你喜欢某位艺术家？那就关注他吧，并把你的发现分享给你的朋友们。

这里最关键的事情是，产品故事是在产品构建好之前就写出来的！在这种方式下，我们很确定产品在我们真的把它构建出来之前就被"编撰"出来了。

另外，思考战队还会构建很多不同的原型，并通过视觉和感觉来验证产品；这些原型包括低保真度（Low Fidelity，Lo-Fi）纸原型和可运行的高保真度（High Fidelity，Hi-Fi）原型（但仍存在一些假数据源等问题）。内部焦点小组的作用是帮助我们找出能够更好地表达产品故事的原型，直到我们将备选原型淘汰到只有少数几个。

这是一个没有截止日期的迭代进程。如果我们无法用一段引人入胜的故事和一个可以运行的原型来展示产品，这个产品就不值得构建，我们也无法从一开始就判断构建这款产品需要花多长的时间。

正如风险与成本对比曲线图（见图 4-5）所示，思考阶段让我们能以一种非常节省成本的方式来降低产品风险——我们只是做出原型来验证它。这给我们指出了一条既省钱又安全的试错之路，因此我们可以持续试错，直到我们找出正确的、值得构建的产品。

完成的定义：在思考阶段结束时，管理层和战队都认为这款产品值得构建（或者该产品永远不值得构建，应该放弃它）。

这是一个主观的决定，因为没有过硬的数据支撑。过硬的数据来自发布阶段，因此我们希望尽可能快地到达那个阶段。

构建

思考战队现在扩展成了一个长期存在的战队（有时候是多个战队），拥有构建、测试和发布一款真正的产品所需的全部技能。这个战队将会长期负责这款产品，而不只是构建它。

构建阶段（见图 4-7）的目标是构建一个足够好的 MVP 并将其发布给外部的用户，以便验证这款产品的某些部分。这个 MVP 是使用 Scrum、看板和极限编程等敏捷软件开发方法迭代地构建出来的。

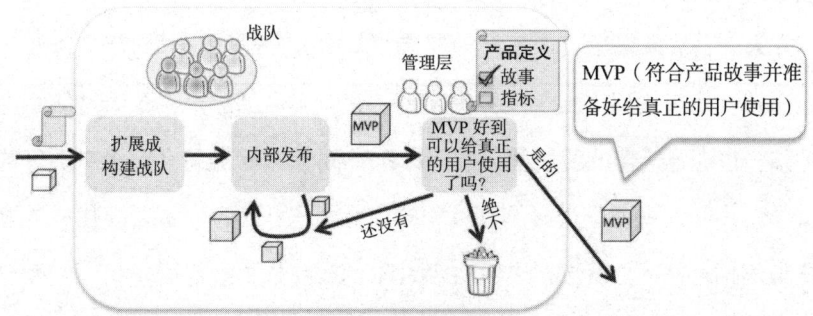

图 4-7　构建阶段

如图 4-8 所示，在"不可用"到"完整"这个范围区间内，我们可以找到一个平衡点。

不可用产品（尴尬）　　　MVP（讨人喜欢但是　　　　　完整的产品（昂贵）
　　　　　　　　　　　　功能有限）

图 4-8　MVP

　　一方面，我们并不想在上市之前构建一款完整的产品，因为那会推迟我们的学习。我们无法确定是否走在正确的道路上，直到我们将一款真正的软件产品交付给真正的用户，因此，我们希望尽可能快地达到那个阶段。另一方面，我们又不想发布一款不可用的或让人尴尬的产品。即使我们把它称为贝塔版本或阿尔法（Alpha）版本，人们也会期望 Spotify 发布的是一款很棒的产品，并以此来判断我们未来要发布的是什么样的产品。

　　因此，战队需要找出那些能够满足基本的产品故事并让用户满意的最小特性组来构建产品。我们需要用它来完善产品故事，而不是使特性完整。也许更适合的说法是 **"最小讨喜产品"**。一辆自行车对没有更好的交通工具的人来说是讨喜的且有用的产品，但是比起它将要演化成的摩托车还相差甚远。我们需要满足最基本的产品故事，然而，我们的度量方式可能会带来误导："嗨，我们发布了一个轮子，但没有人使用它，因此我们的产品失败了，我们不应该继续构建自行车剩下的部分！"

　　思考和构建阶段的核心差异在于：在思考阶段，我们会选择所有的捷径而不用担心技术质量；在构建阶段，我们努力编写生产级别的代码并实现质量内建。

完成的定义：在构建阶段结束时，管理层和战队都认为产品满足了最基本的产品故事，并且足够好，可以发布给真正的用户了。

我们已经准备好迎接这个关键时刻了！

发布

发布阶段（见图 4-9）的目的是把产品逐步推广给所有的用户，同时度量并确保产品满足其对外界的承诺。

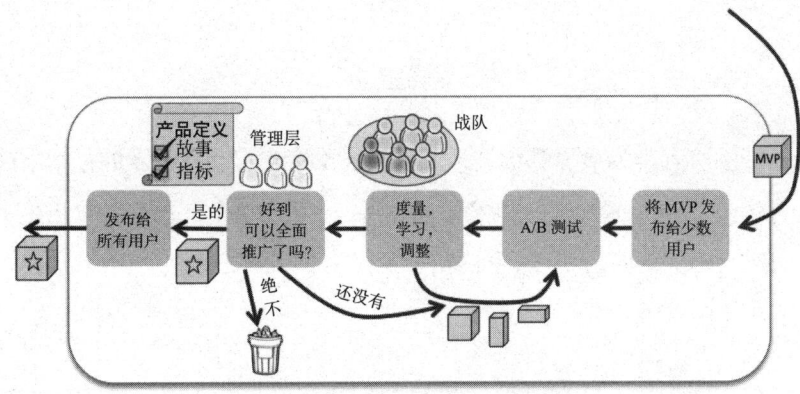

图 4-9　发布阶段

战队刚开始将产品发布给极少部分的用户（通常占用户总数的 1%~5%），以收集数据。跟剩余的 95%~99% 的用户相比，这些用户使用产品的方式有何不同呢？

记住，在思考阶段，我们针对产品做了一些假设。现在，我们终于可以验证这些假设正确与否并根据需要迭代地改进它们了。我们很少在第一次尝试时就做对，这个模型强大的地方就在于我们不需要第一次就做对。

当管理层和战队都认同产品对这一小部分用户能产生预期的影响时，

我们就会一边度量并改进，一边逐步地把产品发布给更多的用户。这给了我们更多的时间来处理运营层面的问题，如硬件容量、监控、部署脚本、可扩展性及其他问题。

完成的定义：发布阶段结束时，产品可以发布给所有用户。

请注意，产品仍然不是特性"完整"的，完成发布仅仅意味着产品（MVP 加上必要的改进）已经百分百地推广给所有用户了。既然产品一直在持续优化，即使在上市之后也是这样，就永远也不会有特性"完整"的时候。

调整

既然所有产品最后都会进入调整阶段（除非它们在开发的过程中被放弃了），那么调整阶段（见图 4-10）当然是最重要的阶段，而且也是产品开发过程中花费最多时间的阶段。

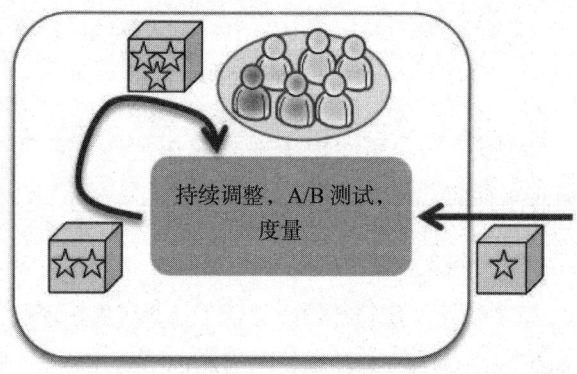

图 4-10　调整阶段

现在，产品已经处于生产状态，并且对所有用户开放。虽然它在发布阶段已经在一定程度上证明了自己，但仍然有很大的改进空间。战队

Spotify 如何构建产品

持续开展试验并通过 A/B 测试、跟踪各种指标来改进产品。在监控及调整的过程，也会加入重要的新特性。

然而，在将来的某个时间点，战队可能会减少对产品的投入。产品已经很棒了，最重要的改进已经完成了，并且新特性的开发成本—收益比已经没有什么吸引力了。看看这些指标，新特性和改进特性对它们似乎已经没有丝毫影响了，这意味着产品正在接近"局部最大化"的状态（见图 4-11）。

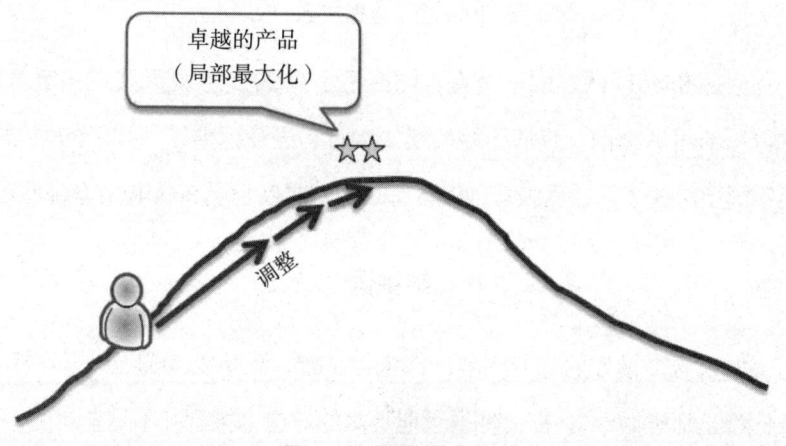

图 4-11　局部最大化

在这个时间点，战队和管理层将会讨论：**站在这个小山顶上的我们满意吗？我们还能找到一个更高的山峰吗？**如果是前一种情况，战队成员可能会逐步转移去做别的产品。如果是后一种情况，战队成员将会回到思考阶段，重新定义产品，实现更大的跨越——全局最大化（或者至少登上一个更高的高峰），如图 4-12 所示。

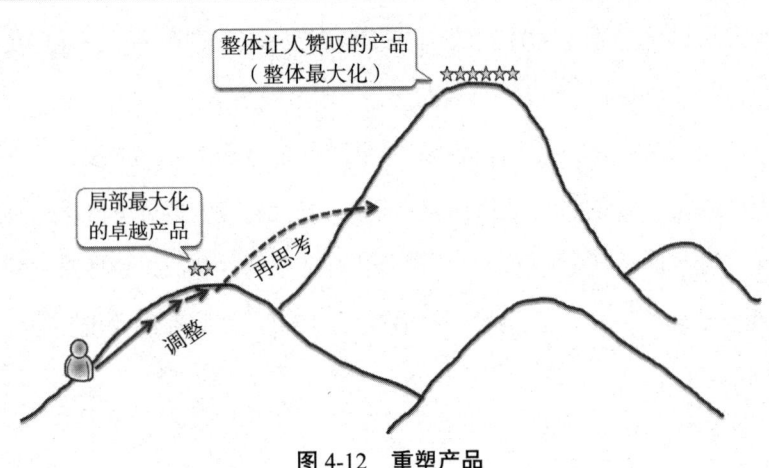

图 4-12　**重塑产品**

　　这是 Spotify 网站的一个真实的例子。在 2012 年夏天我们决定对它进行重新思考之前，我们已经持续 4 年对它进行调整了。如今的网站已经不同于以往了，并且以一种极其有效的方式展示了 Spotify 的全部愿景。

结束语

　　如果这个模型的部分内容让你觉得"喊，我早就知道了，几十年来我们都是那样做的"，那么你很可能是对的。这个模型并不是全新的，也不会让人发出赞叹，它只是可行且有效的——新或者旧并不重要。我发现这些实践的结合非常激励人，也很强大，我希望你能从中找到一些在你的实际工作环境中有用的东西。

待思考的问题

1. 你们组织如何决定一个产品团队接下来要完成哪些特性？你们如何判断这些决定是否正确？

2. 你有能力并且切实做到针对待实施特性的价值提出假设吗？一旦那些特性被部署了，你们会验证那些特性是否交付了那些价值吗？

3. 从你决定进行一次常规的优先级变更，到这次变更通过你们的排程系统、工作队列、作业系统、验证和部署系统，最后到达客户，需要花多长时间？

4. 你们的发布周期有多长？在一个发布周期里有多少时间用于使产品变得更"坚固"，即验证它能像预期的那样运行，并解决所有已发现的问题？你们正在采取什么措施把这些时间占发布周期的比例降到 10% 以下？

5. 你们的估算是简单的数字还是一个范围？为什么？

6. 要么最后期限固定、需求范围可变（爱立信案例 1），要么需求范围固定、最后期限可变，但不可能两者都是固定的。哪一种更适用于你们的工作环境？你们的实际做法是哪一种？

7. 假设有这样两个团队：团队 A 交付的 5 个特性都是客户真正想要的。团队 B 多花了 50% 的时间交付了 10 个特性，其中 5 个跟团队 A 交付的一样，另外 5 个特性可能是用户将来要用的。哪个团队更有效率？哪个团队的产品更有效率？为什么？

8. 你们是围绕项目还是产品组织开发工作的？这种组织方式是否影响你们的生产批量？发布周期是多长？一个人需要同时处理几个任务呢？进行中的任务总数是多少？

9. 你们采用什么样的方法或者组织结构来确保你们的产品架构长期保持良好的

完整性？你们采用哪种方法或者什么样的组织结构来确保快速交付有竞争力的产品特性？你们公司是如何平衡这两个目标的？

10. 在你们的产品团队里，每个人都会为产品的商业成功负责吗？产品团队会做 A/B 测试吗？受限发布呢？金丝雀发布 ① 呢？

---

① 金丝雀发布（Canary Rollout）是一种仅适合开发人员或追求最新版本的用户使用的发布版本。金丝雀对空气中的甲烷和一氧化碳浓度的高敏感度使它成了最早的煤矿安全报警器。如果矿井中的金丝雀死去，矿工就要尽快撤离矿井，否则就会面临致命的危险。开发团队采用金丝雀发布来测试尚不成熟的软件产品的健壮程度。——译者注

第五章

突破性创新

—
THE LEAN MINDSET
ASK THE RIGHT QUESTIONS
—

展望未来

美国报业在经历了 50 年的稳步增长后，营收突然一落千丈（见图 5-1）。同时，世界各地的报业也遭遇了同样的命运。原因很清楚：广告商从平面媒体转向了网络媒体。报纸上的分类广告版曾是一个高利润的收入来源，但现在已经基本消失了。如今，人们找工作、买汽车或二手货时，更喜欢在网上搜索，而不是一页一页地浏览报纸上的"豆腐块"广告。你也许会说，报业本该提早看到即将到来的威胁并采取一些措施，但事实上，过去极少有报社能够保持足够的警觉性，并及时地意识到他们利润丰厚的分类广告业务正面临着威胁，从而采取措施保卫自己。不过，至少有一个非常值得注意的例外——施伯史泰德传媒集团（Schibsted Media Group）。

单位：2012 年的 10 亿美元

图 5-1　1950—2012 年报业广告收入（经通胀调整）①

数据来源：美国报业协会

案例：FINN.no

1996 年，挪威的五个地方报社组建了一个联盟，即现在的施伯史泰德传媒集团，以迎接来自互联网的挑战。当时，万维网（World Wide Web）诞生才 3 年，还要通过调制解调器拨号才能访问。在那时，雅虎（Yahoo!）和易趣只不过是位于美国加利福尼亚州的小型创业公司，也没有太多的报社把互联网视为威胁，但挪威的这个报社联盟却开始非常严肃地对待这个问题。

奥斯陆《晚邮报》（*Aftenposten*）启动了一个项目，旨在捍卫旗下报社的平面广告收入。该项目创建了一个网站（Aftenposten Visavisen），并将其

---

① 来自 2012 年 10 月 5 日马克·佩里（Mark Perry）教授发表在博客"活在当下"（Carpe Diem）中的文章。经许可使用。

与现有的报社业务捆绑起来，而不是指定专职人员来运营。这次试验以失败告终，施伯史泰德传媒集团也理解了颠覆性技术专家宣传的理念：颠覆性的新业务应该让独立的公司运作，而不是嵌入现有的产品线，只有这样成功的概率才会更高。

因此，当施伯史泰德传媒集团试图在 2000 年再次启动线上业务时，它专门成立了一个独立的实体，该实体有独立的组织、新的员工和新的企业文化。这个新事业部有一个新的品牌——FINN.no，它专门进军该集团旗下报社的一个主要收入来源领域——分类广告。尽管如此，该集团旗下的报社都非常支持这家新的子公司，积极地宣传这个业务，并且高度评价其在分类广告市场中的优越性。FINN.no 公司 CEO 克里斯蒂安·普林茨泽尔·霍尔沃森说："我们的投资者，尤其是美国投资者，都怀疑我们在互联网泡沫破灭后发展线上业务的可行性，并建议我们一如既往地发展传统媒体业务，但幸运的是我们没有采纳他们的建议。"

2001 年，施伯史泰德传媒集团的收入只有 2% 来自线上业务，而且几乎没有利润。但到了 2012 年，线上业务创造了 40% 的收入和 65% 的利润。在全球其他报业集团的利润几乎都在日益下滑时，施伯史泰德传媒集团却保持了增长势头。我们来看一组数据，看看它的盈利势头有多么强劲。

FINN.no 是挪威的第二或第三大网站，其品牌受到 96% 的挪威人的认可。在挪威，按照市场占有率，FINN.no 的线上招聘广告以及地产、汽车、百货和陈列式广告都位居全国第一，旅游和服务广告位居全国第二。该网站每周至少有 250 万个独立访问用户。2012 年，FINN.no 的访问量超过了 5.5 亿次，相当于每个挪威人都访问了 110 次。同时，在这一年中，每个挪威人访问该网站的平均时间为 21 个小时。2012 年，该网站共发布了 380 万条广告，总价值为 5 620 亿挪威克郎，相当于挪威国内生产总值的 20%

还多！

你一定会感到困惑，为什么世界各地的报业集团都没能看到互联网的威胁并提早防范，结果被线上竞争者夺走了分类广告市场。霍尔沃森说："在市场变化前采取行动比变化后追赶更容易。施伯史泰德传媒集团甘愿'蚕食'自己的收入，这让它成了从传统媒体转型为网络媒体的全球领先者。"

因此，成功的关键是及早察觉颠覆信号并迅速地采取行动，即便这会冲击公司目前最重要的收入来源。做到这一点当然是非常困难的，但正如施伯史泰德传媒集团发现的那样，自己颠覆自己总比被竞争对手颠覆好。霍尔沃森指出："颠覆式创新不仅是一种转型方式，也是一种寻找全新收入来源的方式。"目前，FINN.no 共拥有 7 个正在增长的垂直市场，其中 2 个是全新的，其为公司带来的收入是传统媒体永远也无法获得的。

颠覆性创新

"颠覆性技术"这个概念是由约瑟夫·鲍尔（Joseph Bower）和克莱顿·克里斯坦森（Clayton Christensen）于 1995 年在《哈佛商业评论》的一篇文章《颠覆性技术：逐浪之道》（*Disruptive Technologies: Catching the Wave*）中提出的[①]。两位作者展示了知名企业的成功之处及其最受欢迎的产品如何招来竞争对手。这些竞争对手往往会开发出比知名企业更便宜、更小、更节能或更易于使用的产品。起初，新产品并不能满足现有客户的需求，所以占据当前市场的企业并不担心。

一旦颠覆性技术获得了客户群（通常在现有客户群范围之外）的认可，

---

① 在此之后，克莱顿·克里斯坦森出版了有关颠覆性技术的经典著作《创新者的窘境》（*The Innovator's Dilemma*）。

它们就会变得更强大、更有竞争力，而且能保持刚进入市场时的成本、尺寸、功率或易用性等优势。通常来说，这些颠覆性产品在市场中取代原有的知名产品只不过是一个时间问题。值得指出的一点是，虽然这些颠覆性产品增长迅猛，但一般不会引起占据当前市场的知名企业的重视，这些大公司彷佛蒙上了自己的眼睛，就是看不到外界发生的事情。

维基百科（Wikipedia）并没有发明百科全书，它只是偶然地走上了一条用更快、更便宜的方式编辑百科全书的道路。让习惯阅读专家文献的人相信大众汇编的知识需要花很长的时间，所以百科全书出版商当初并没有重视维基百科，但如今已几乎没有出版商会出版传统的百科全书了。

亚马逊网站并没有创造企业对快速、方便、可扩展的服务器按需访问的需求；它只是发展了满足自身对服务器的需求的能力，然后设法将其内部服务以非常有吸引力的价格提供给其他企业。既有企业花了很长时间才开始考虑将其存储系统迁移到云端，但那些刚起步、还没有购置服务器的新创公司发现亚马逊云服务（Amazon Web Services，AWS）正好提供了他们想要的服务。

现实中的一些新技术并不符合颠覆性技术的经典定义，因为并没有什么既有企业可颠覆。真正发生的事情可能是这样的：一位创业者有一段让人沮丧的经历，想象着有一种新技术能把现在令人讨厌的工作方式变得更好、更快、更省成本。经过研究，这位创业者找到了能够解决之前的工作问题的办法，然后将此技术卖给那些正在使用传统方式郁闷地做着相同工作的人。

谁曾想到，我们会把视频上传到网上，以便与家人、朋友和同事保持联系？而随着手机拍摄功能的日益增强，人们被压抑的视频分享需求出现了，YouTube 应运而生。谁曾想到，有如此多的消费者愿意为图书、酒店或摄影设备写评价？谁又曾想到，个人的购买决定将会演变为更依赖这些评价而不是营销策略？

颠覆性技术的另一种形式是大爆炸式颠覆[①]：某个新技术被快速采用，以至于在几个月甚至几个星期内就颠覆了全品类的产品。例如，当智能手机上出现免费的导航应用时，专用导航设备制造商（如 TomTom、Garmin 和 Magellan）眼睁睁地看着自己庞大的客户群几乎顷刻间消失了——高端产品和低端产品无一幸免。智能手机上的导航应用不仅免费，而且更新频繁，还能融入智能手机的其他应用。因此，这些导航应用不仅花费少，而且从一开始性能便优于已有的导航设备。这些彻底改变游戏规则的技术原本并不是为了取代当前的市场占有者，它们通常来自完全无关的领域。然而，大爆炸式颠覆使局势立即发生转变，不给当前的市场占有者留下任何反应时间。

被颠覆的市场领域有很多，而且与日俱增——电影、付费电话、影碟出租店、长途电话业务、电话簿、旅游指南、地图、词典、照相机等，鲜有企业免遭威胁。然而，当一个市场领域被颠覆时，颠覆者极少是现有的知名公司，就好像它们几乎从来不花时间问问自己能否找到更好的办法来解决客户的问题。

奥托：我已经看到很多公司被颠覆，最终只能退出市场，但这只会发生在别的公司身上。我认为我们公司为客户提供了我们所能提供的最好的服务。

---

① 《哈佛商业评论》2013 年 3 月刊文章《大爆炸式颠覆》（*Big-Bang Disruption*），作者：拉里·唐斯（Larry Downes）和保罗·纽恩斯（Paul Nunes）。

作者：这里要说的道理是，你最好在别人颠覆你之前颠覆自己。在实践中，这并不容易做到，因为你如此专注于让自己的公司取得成功，以至于察觉不到隐藏在公司日常运营噪声中的微弱的颠覆信号。

专注

专注，是我们年轻时学的一课。只有专注，才能取得好成绩。只有专注，才能做出正确的决定。我们都知道，如果我们想做好一件事，就必须努力地练习，专注于细节，这样我们才能做得更好。

成功的大公司知道如何专注于提升执行力。公司的组织结构、度量指标和企业文化以一种导向良好经营结果的方式相互促进发展。持续改进要求公司必须像激光一样专注于优化生产率、质量和客户满意度之类的关键运营指标。要想实现改进，就要理解问题，抓住问题的本质，放大细节，权衡备选方案，并找到合适的解决方案。事实上，这种方法效果很好，至少对明确的问题来说如此。

专注于提升执行力能为你尝试解决的问题提供最佳的解决方案，但不会告诉你这些问题是否值得解决。你能得到问题的正确答案，但并不知道这些问题是否重要。事实上，过分专注于公司的运营会让你无法意识到其他领域的风险，也无法察觉其他重要的机会。通常来说，卓越运营至关重要，并且好的公司都能做到这一点。然而，一旦出现异常，比如市场中的某个因素发生了重大变化，仅仅专注于眼前的问题会让你意识不到事情已经变得不再"一如既往"了。

> 安娜：我们的业务运行在一个明确的市场中，其问题也清晰可辨，而且我们很擅长聚焦。
>
> 作者：非常擅长自己的业务会使你很难看到市场中发生的变化。你越专注，你产生确认偏误（Confirmation Bias）的可能性就越高。你会看到你正在寻找的东西，错过不符合你的心智模式的东西。如果这能发生在英特尔公司身上，就也有可能发生在你们公司身上。

案例：英特尔的濒死体验

极少有 CEO 能带领公司成功渡过颠覆性技术的危机，并为此著书立说。英特尔公司的CEO安迪·格鲁夫就是这少数人中的一个[①]。书中所述的故事始于 1984 年，那时英特尔公司的内存业务开始萎缩。日本制造商以比英特尔公司更低的价格出售同等质量的内存芯片。当时，英特尔公司的员工认为内存业务就是公司的一切，因为英特尔在 1968 年成立时就是内存公司，并自此在市场中经历了激烈的竞争。英特尔公司生产的其他产品都是外围设备，其内存业务在研发预算中所占份额最高，因为大家都"知道"内存业务是英特尔公司的技术驱动力。英特尔公司制造其他产品（如微处理器）

---

① 《只有偏执狂才能生存：如何利用挑战每家公司的危机点》(*Only the Paranoid Survive: How to Exploit the Crisis Points That Challenge Every Company*)，作者：安迪·格鲁夫。

是因为大家都"知道"客户希望从同一家供应商处购买完整的产品线。

英特尔公司与日本企业的低成本内存恶战了一年多，但最终失败了。当时担任 COO 的格鲁夫问 CEO 戈登·摩尔：

> "如果我们被辞退，董事会聘用一位新的 CEO，你觉得他会怎么做？"戈登毫不犹豫地回答："他会带领我们走出内存市场。"我盯着他，愣了一下，然后说："我们两个何不走这步棋？"①

那一刻，格鲁夫明智地认识到了当前该做的事，但他同时发现做这件事几乎毫无可能。管理层为此争论不休，不敢往正确的方向前进，半途而废的措施则让事情变得更糟糕。在与摩尔进行那次深刻的谈话之后整整一年，格鲁夫才终于鼓起勇气向全世界宣布英特尔公司将退出内存市场。那时，客户的反应是"走出这一步可真是花了你们太长时间啊"。

又过了一年，英特尔公司才转危为安，并再次开始盈利。对一个快速发展的行业来说，三年真的太长了，英特尔公司的变革差一点就为时已晚。幸运的是，英特尔公司能够抛下过去，成为一家更强大的微处理器公司，而昔日的竞争对手几乎无一幸免于难。

英特尔公司是幸运的，当内存业务不能维持公司的正常运转时，它可以转而依靠微处理器业务。微处理器业务怎样"碰巧"成为英特尔公司的退路的故事为如何在充满颠覆性技术的世界中生存提供了一些启示。

在英特尔公司的早期历史上，一个名为特德·霍夫（Ted Hoff）的年轻销售工程师正在帮助日本客户 BUSICOM 公司设计一款计算器芯片。霍夫认为，他可以设计出超越 BUSICOM 规范的产品，并解决他们的全部问题。

---

① 《只有偏执狂才能生存：如何利用挑战每家公司的危机点》，作者：安迪·格鲁夫。

在时任 CEO 的罗伯特·诺伊斯（Robert Noyce）的鼓励下和斯坦利·马佐尔（Stanley Mazor）的协助下，霍夫完成了 4004 微处理器的设计，并把这一新设计思路推销给 BUSICOM 的高管（他们需要有说服力的证据）。费德里科·法金（Federico Faggin）被聘来负责开发这款芯片，并以创纪录的速度筹备芯片的生产。1971 年，英特尔推出了 4004——世界上第一款单芯片微处理器。

在接下来的 15 年里，英特尔公司的微处理器业务逐渐增长。当 1984 年"内存危机"冲击英特尔公司时，微处理器明显成了利润率更高的产品。将英特尔公司有限的生产能力用于生产最赚钱的产品正是生产和财务规划师的策略。因此，当高管们犹豫不决时，中层管理人员"调整了英特尔公司的战略姿态"：多生产微处理器，少生产内存芯片。当格鲁夫终于决定放弃内存业务，环顾四周思索下一步的出路时，他发现英特尔公司已经成长为一家微处理器公司。

奥托：所以，这个案例告诉我们的是要全面开花而不能孤注一掷吗？

作者：这个案例告诉我们几件事情：鼓励有热情的工程师追逐他们的激情所在；期待一线员工能理解并解决客户的全部问题；投资于新的创意，尽管它们可能需要 10 多年才能见效；建立一个运营系统，让基层管理者能够发挥他们的才智，并自由地去做他们认为正确的事情。

安娜：我认为英特尔公司的高管本应该看到微处理器的价值。这难道不是他们的职责所在吗？

作者：安迪·格鲁夫写到，当市场中的某个因素发生 10 倍变化时（他称之为"战略转折点"），公司的高管们永远是最后知道的人①。因为他们每天都忙到失眠，以拯救自己曾费尽心力创下的成功事业。

案例：皮克斯的创意文化

在有些行业中，导致高层管理人员失眠的往往不是可预测性和效率，而是创造力。影视行业就是这些行业中的一个，从业者担心电影是否精彩及能否吸引大量的观众。当然，对电影来说，质量上乘和达成制片目标很重要。但是，创意更重要。

可以说，皮克斯动画工作室是美国最有创意的电影工作室之一。它创作了《玩具总动员》《虫虫特工队》《怪兽电力公司》《超人总动员》《飞屋环游记》《海底总动员》《汽车总动员》《美食总动员》《机器人总动员》《勇敢传说》和其他影片。皮克斯似乎每年都会制作一部引人入胜的新电影以取悦观众。该工作室究竟是如何做到每年都能推出大片的呢？

皮克斯总裁埃德·卡特穆尔（Ed Catmull）在《皮克斯如何培养团队创造力》（*How Pixar Fosters Collective Creativity*）一文中给出了这个问题的答案——在公司成功之前，他形成了一种合理的忧患意识：成功可能会转变为失败。

在我的职业生涯中，对计算机公司兴衰的观察深深地影响了我。许多公司召集了一群能生产出伟大产品的人，它们拥有最优秀的工程

---

① 《只有偏执狂才能生存：如何利用挑战每家公司的危机点》，作者：安迪·格鲁夫。

师，了解客户的需求，掌握了不断变化的技术，积累了丰富的管理经验。然而，许多公司高层的决策却异常不合理，最终导致公司一无所成。真正聪明的人怎么能错过对他们的生存如此重要的东西呢？我不止一次地问过自己："如果我们一直成功，我们也会如此盲目吗？"

卡特穆尔是一位计算机图形学专家，他毕生的梦想是创作第一部用计算机制作的动画电影。《玩具总动员》使他实现了这一梦想，于是他开始寻找新的挑战。他决定建立一个有深度、稳健、坚韧的工作室，使之在他和其他创始人退休后仍能持久地制作大片。通过观察计算机行业同事的失败经历，他认为应该专注于营造一种能让创造力蓬勃发展的卓越文化。

在皮克斯，这种创意文化的最初理念是：发挥创造力不是唱独角戏，而是大量来自不同学科的人聚在一起高效地工作、不断地解决问题。不过，这并不容易。卡特穆尔提出："让不同学科的人把彼此视为同伴就像让同一学科的人这样做一样重要，但前者要困难得多。"不同的学科有不同的语言和惯例，但任何组织似乎都认为自己比其他组织更优秀。卡特穆尔决定不让这种事在皮克斯发生。他走出了史无前例的一步：确保负责软件的专家和负责创意的精英享受相同的待遇和平等的地位。

但是，这仅仅是一个开始。大多数工作室都有一个开发部，专门负责提出电影理念。然而，皮克斯的开发部主要负责招募团队成员，让他们能很好地协同工作，高效地解决问题，并稳步推进、激发彼此最好的一面。高管们负责营造一种氛围，促进员工之间的尊重和信任，并释放出创造性的能量。卡特穆尔认为，这种氛围能让激情和奉献精神盛行，让员工们每天都渴望去上班，因为他们知道自己能帮助创作出奇妙的电影。

皮克斯大学是培养相互尊重的一个重要工具。皮克斯大学鼓励大家学习其他领域的技能。在任何特定的班级，都有专家培养学员的技能，同时还会有来自公司其他领域的新手听课。大家在友好的环境中共事，学会欣赏其他领域同事的工作，从而想出更多的方案来解决共同的问题。

皮克斯组织

卡特穆尔认为，一部杰出电影背后的创意只来自一两个人，而不是高层管理人员，当然也不是开发部门。所以，每部电影都有一位导演负责整体创意，用一个统一的愿景去引导和激励一个 200~250 人的团队。制片人与导演紧密合作，他们负责预算和进度等工作，并懂得如何利用这些制约因素提高创造力。

拍摄团队每天开会，展示半成品，并接收导演和其他团队成员的反馈。其效果与软件开发中的持续集成相同——让大家不在错误的道路上走得太远，解决集成时发现的问题。皮克斯有一个由指导过大片的导演们组成的智囊团，他们定期审查每一部电影，并提出改进建议，但从来不干涉导演的自主权，导演可以采纳或忽略智囊团的建议。

为了让公司长期处于正轨，皮克斯有一个事后调查程序：大家会讨论每一部电影的优缺点，以保持工作室的持续改进。同时，高管也鼓励新人挑战根深蒂固的惯例，并提出新的想法。最后，卡特穆尔认为，皮克斯应设计并持续优化自身的组织结构和惯例，以支持其文化——一个培养人与人之间的尊重和信任的文化。

奥托：为什么不让所有的企业尝试营造皮克斯式的文化呢？

作者：企业发展到一定的规模之后，往往会改变其关注点，从开发新的、有创意的产品转变为高效地生产和销售现有的产品。想想主厨和厨师之间的区别：主厨应该多做尝试，拿出有创意的新菜；而厨师只负责快速地、一成不变地烹饪那些菜。当企业专注于"烹饪业务"，即公司的日常运营时，往往会忘记它们需要不断地拿出新菜谱，也不再能保持让创造力继续蓬勃发展所需的文化。但是，随着时代的变迁，如今消费者体验已经成为许多产品至关重要的一个卖点，鼓励创意的文化将变得越来越重要。

改变关注点

在未来 10 年或 20 年里的某个时间点，某些颠覆性技术可能会威胁你所处的行业。仔细想想，从长远来看，这可能是你最大的风险。对此，你准备做些什么来应对呢？

最安全的办法是花一些时间向外看而不是向内看。不要去寻找解决问题的办法，而是后退一步，问问自己处理的是不是关键问题，是不是重要问题。你是否为如何变得更高效、更可预测或者更有生产力而忧虑过？你有没有想过，假如你的行业出现了一项颠覆性技术，这些可能都不是关键问题？

从生产力到影响力

我们的组织如何才能变得更有生产力？ 我们一直都能听到这个问题，这也是一个令人沮丧的问题，因为生产力不是真正该担心的问题，至少不是开发部门该担心的问题。要求软件开发人员编写更多的代码，就像要求作者在他们的书里加入更多的文字，或者要求教师在他们的教室里安排更多的学生。在创造力和学习能力都很重要的时代，关注数量是毫无意义的。然而，在我们所知道的最有创意也是最关注学习的行业之一——软件开发行业中，我们最常听到的问题是：**如何用精益或者敏捷方法提高生产力？** 坦率地说，这是一个不该问的问题。

提高软件开发效率的方法不是提高生产力，而是开发客户喜欢的重要特性，而且只开发这些特性。添加到代码库中的特性越多，复杂性就越高，改变代码库的难度和代价也就越大。在很多情况下，特性和复杂性并不是必要的。因此，你应该采纳的最佳态度是：很多代码是无用的，很多功能点是无用的，甚至很多故事和特性也是无用的。不必担心如何让事情进展得更快，重点是学会如何停止开发那些并不重要的东西，而把重点放在有实质影响的东西上。

下面举一些例子。我们曾与斯堪的纳维亚半岛的一些公司合作，他们采用为期 2 年的瀑布式流程开发手机用户界面。我们敦促他们加快开发流程，他们可能也这么做了。但是，在 iPhone 上市的那一天，他们开发的一切都过时了。我们曾遇到一家银行，它只花了 1 年时间便开发出了可以显示账户余额的移动应用程序，并对此感到无比自豪。但是，这家银行甚至还没来得及开发其他功能，它的竞争对手就已经能在手机上提供全面的银行服务了。

我们曾与一家金融服务公司的信息主管共事，他正试图计算如何在他的年度预算范围内做完所有的事情，并满足未来 1 年所有的新需求。他不愿意面对的事实是，在他预算范围内的大量内容都是市场不再需要的。如果他承诺在年度预算范围内提供某个东西，那么不管市场需要与否，他都必须提供。因为他采用了这样的逻辑，所以我们对他的公司在 2008 年金融危机中遭受巨大的损失并不感到惊讶。我们注意到，在瑞典，瑞典商业银行在经济低迷时期的状况比其他银行好得多。这让我们想起，曾有来自瑞典商业银行分行的 IT 员工在我们的某个班学习，因为该行希望分行负责开发自己的信息系统。我们可以保证，我们的学员不会浪费时间去开发对分行业务成功没有贡献的应用。

再看看通用汽车公司（General Motors，GM）的例子。为了降低成本，GM 多年来都将 IT 业务外包出去，但在 2012 年发生了一个戏剧性的转变——将外包转为内包①。为什么？因为高管们希望 IT 部门变得更积极、更有创意，为业务部门创造更多的价值。这并不意味着 IT 部门将拥有更多的预算，而是意味着 IT 部门将拥有与其提供的价值相称的预算。GM 认识到，削减 IT 预算的最佳办法不是用更少的钱做更多的事，而是少做没有必要的事，关注真正有影响力的东西。

如果你没有足够的时间做流水线上的所有事情，你就应该怀疑这可能

---

① 《信息周刊》（*InformationWeek*）2012 年 6 月 9 日刊文章《通用汽车将大幅削减 IT 外包》（*General Motors Will Slash Outsourcing in IT Overhaul*），作者：罗布·普雷斯顿（Rob Preston）。

不是一个关乎生产力的问题，很可能是流水线的问题。让我们明确一点：我们认为实现商业目标花费多少时间和预算都是值得的。但实际情况是，在时间和预算的约束下，要想实现软件开发目标，只能少写代码。所以，正确的做法是在规定的时间和预算内开发更少的特性——只开发必要的特性。皮克斯有一句名言：**电影制作永远不会结束，只不过电影有发行的一天**。同样的道理，**软件开发也永远不会结束，只不过软件有发布的一天**。

假如一个开发部门的员工过度劳累，那么可以肯定，他们的管理者并没有弄清楚什么才是真正重要的事情。例如，有一次，和我们合作的一家保险公司正在为一个新的呼叫中心开发软件。由于开发进度落后，我们强烈建议他们删除某些特性。他们确实也这样试过，但因为公司制度而搁浅了，所以并没有删除几个特性。相反，开发主管提供了巨额的奖金，激励员工在规定的时间内将多得不可能完成的特性开发完毕，以赶上重要的发布日期。开发人员疯狂地编码，连测试都没顾上，最终在发布日期前开发完了所有的特性，但是漏洞百出。他们得到了许诺的奖金，但开发团队花了一年的时间清理烂摊子，而呼叫中心也由一个不可靠的系统勉强支撑着。开发人员对他们的工作并不感到自豪。我们问带头的开发人员："难道不能删除一些特性，交付高质量的软件吗？"他们的回答是："当然可以！我们开发的特性中有一半都没有被用到，以后也永远不会被用到。"但既然已做出承诺，信守承诺的强制要求让开发人员无法采取明智的做法——减少特性以按时交付高质量的软件。

相比之下，具有颠覆性的竞争对手所拥有的时间、资金和专家都没你多。但我们可以肯定，他们不会浪费宝贵的时间和金钱去担心生产力。他们会想出一个办法少做事，并且多提供客户真正想要的东西。在这种情况下，你所做的产品可能连展示的机会都没有。

安娜：听起来你不相信生产力。

作者：彼得·德鲁克曾说过："高效率地做出来的根本没必要做的产品，最没有成效。"要想提高生产力，最好的办法是首先确保你正在做的事是正确的、有必要的。在错误的事情上"高效地"花哪怕一丁点时间都是浪费。例如，服务组织通常用响应投诉所花的时间来衡量生产力。如果他们能花点时间去寻找并消除每一宗投诉的根本原因，从长远来看，他们的生产力会高得多，即使这会让每一宗投诉的处理时间变得更长。

从预测到试验

蒂姆·哈福德（Tim Harford）在《适应：为什么成功总是始于失败》（*Adapt*：*Why Success Always Starts with Failure*）一书中指出，在一个复杂的系统中长期生存的路径是简单的、众所周知的，并且已经得到了证明：（1）制造变化；（2）选择成功的事业；（3）重复前两步。哈福德指出，第一步（变化）必然会导致失败和成功。如果没有失败，就不会产生有效的变化，因此我们必须承认失败总会出现，坦然地接受失败。同时，我们也要确保不会出现重大失败，所以多做一些小试验通常好过做一个大型的试验。哈福德说："让问题自行演化，最后通常会发现人类设计师想不到的解决办法。"

确保你的公司长期生存的一个办法是通过演化过程不断地调整、适应。学着通过小试验，一步步地试探并找到最有效的方案。学会容忍失败，但要确保得以生存，保证能够识别失败，而且能迅速将其终止。时刻准备好，若某个试验非常成功，则立刻扩大试验规模。

例如，谷歌能够利用基于服务的交付模型使大规模的试验成为其研究基础①。小型研究团队能获得很多内部服务，从而简化设计、测试、生产和维护的流程。因此，相对较小的团队可以快速创建试验系统来探索新的想法并接触庞大的消费群体，以便开展实证研究。一旦证明新的想法可行，谷歌便使用相同的服务来快速创建强大的新产品及服务。

欢迎意外

当本书作者玛丽在3M公司工作时，经常有人告诉她："如果你从未失败过，就说明你不够努力。"几乎每个一鸣惊人的3M产品的故事都始于某种试验的意外结果，比如出现奇怪结果的市场试验、没有达到预期效果的化学公式或者一个受挫的客户。他们并没有把这些意外视为失败，而是将其视为一个信号，这个信号提示他们：如果深入挖掘，就很可能会发现宝石。不少主流行业正是始于意外。

创新型公司的员工都知道，理解一个复杂系统的最佳方式是刺激它向一个特定的方向运行，然后观察结果是否如预期般呈现。他们知道，做的小试验越多，学到的东西也就越多。他们明白，如果试验从未失败过，他们就学不到新知识。他们知道，知识上最大的进步始于意外。

然而，大多数公司不接受意外，他们关注的往往是可预测性而不是意

---

① 《美国计算机学会通讯》2012年7月第55卷第7期文章《谷歌的混合研发模式》（*Google's Hybrid Approach to Research*），作者：阿尔弗雷德·斯佩克特（Alfred Spector）、彼得·诺维格（Peter Norvig）和斯拉夫·彼特罗夫（Slav Petrov）。

外。他们建立体系和指标都是为了实现完美的运营，而不是进行可能失败的试验。在一些公司，每笔投资都被指标束缚，每个员工都不能有失误。在这样的公司里面，没有人会冒任何风险。

另一方面，创新型公司有很多尚在调研或尝试的冒险想法，也并不期待这些想法都能取得成功。实际上，如果都取得成功，公司反而觉得学不到新东西。创新型公司的管理者知道，在探索未知领域时，出现意外就意味着发现了机会。所以，这些公司的企业文化鼓励员工尝试新事物，也不惩罚失败。它们确保当发生好的或坏的意外时，系统能够充分地利用这些意外。它们认为，在机敏的竞争对手封堵住机会前，发现微弱的信号并采取行动会更好。

安娜：我不明白我们为什么要浪费时间去做将会失败的试验。我们为什么不提前想好哪种试验会成功，哪种试验会失败，并只对成功的试验进行投资呢？

作者：你说的这种方法能很好地改进当前为客户提供的产品，但出现颠覆性创新时，这种方法就发挥不了作用了。有些公司倒闭或陷入困境正是因为它们认为预测未来比创造未来更省钱。

财捷公司的试验

斯科特·库克（Scott Cook）曾在宝洁公司担任品牌经理，并于几年后进入董事会。在此期间，他创立了财捷公司，这家公司的总资产高达 40 亿美元，它主要为美国的个人和小企业提供财务软件。库克于 2000 年从宝洁

"隐退"，转而加入财捷公司董事会，之后开始研究令皮克斯总裁卡特穆尔非常苦恼的现象：为什么现有的大公司不能利用它们所拥有的脑力和财力创造成功的、新的颠覆性业务？为什么做出改变游戏规则的创新的公司几乎都是初创公司？财捷公司如何才能避免硅谷的许多成功公司飞速倒闭的命运？

库克着手研究已成功创造颠覆性业务的大公司，以寻找共性模式。他发现，在这些公司最具创新精神的时期，有一条共同的主线贯穿其中：它们设立了一些流程来鼓励员工以小团队的方式进行简约型试验[①]。

在一项研究中，库克调查了惠普公司的多个创新案例，他发现：在大多数案例中，最终取得巨大成功的创新最初都遭到了 CEO 戴维·帕卡德（David Packard）的反对。然而，这些创新却因下列三个因素而得以蓬勃发展：

» 惠普"解放了员工的创造力"；

» 惠普建立了"试验文化"；

» 惠普将老板的角色从决定创新项目继续或取消的决策者转变为创新体系的实施者：鼓励员工不断地提出假设，跟客户一起做测试，并从市场期望表现与市场实际表现之间的差距中学习[②]。

财捷公司改变了组织结构，更倾向于组建小团队。公司鼓励团队测试新想法，其采用的方法是先量化那些能使他们业务成功的、必须正确的假

---

① "简约型"指"节俭型"或"经济型"。参见彼得·科汗（Peter Cohan）于 2012 年 2 月 29 日发表在《福布斯》（*Forbes*）上的文章《斯科特·库克能否复兴美利坚公司》（*Can Scott Cook Revive Corporate America?*）。

② 同上。

设，然后迅速开展试验以验证每个关键假设。许多创新都经历了这个过程，包括税务软件的聊天区域、安装在手机上的 Snap Tax 应用程序以及用于退税的借记卡。最有意思的一个或许是 Fasal，这是一个帮助印度农民为其生产的农产品找到更好定价的移动应用程序。

Fasal 案例：财捷公司一直以来都专注于美国的财务系统，它当然也想将业务扩展到其他国家。2008年，财捷公司印度研发中心的一位领导巴拉斯·卡达巴（Bharath Kadaba）收到了老板交给他的挑战——**创建一家能提高印度人收入的新公司**[①]。在接受挑战的同时，他也收到了只够雇用3 个人的预算。他开始思考如何用如此小的投入迎接如此巨大的挑战。卡达巴招募了一个由迪帕·巴楚（Deepa Bachu）带领的小团队。迪帕·巴楚曾在财捷公司的加利福尼亚总部工作了 10 年，之后回到印度。巴楚很乐意帮助从小一起长大的邻居，她的团队决定将重点放在提高印度 1.5 亿农民的收入上。

为了实施财捷公司著名的"跟我回家"项目，团队专门花时间拜访了农民并了解他们在务农的过程中遇到的困难。他们发现，最大的困难是缺乏农产品价格信息。收割蔬菜后，农民不知道哪些市场的价格最好，而且一旦带上易腐烂的蔬菜，他们几乎连讨价还价的能力都丧失了。团队认为，要想最大限度地帮助农民，就要开发一个系统为他们提供价格信息并帮助

---

① 三个来源：财捷全球业务事业部工程与运营副总裁巴拉斯·卡达巴于 2012 年 12 月 4 日在洛杉矶精益创业大会上的演讲，一个世界基金会（One World Foundation）印度分会发布的案例《提高农民的赚钱能力》（*Improving Earning Capacity of Farmers*），以及奥斯汀·卡尔（Austin Carr）在《快公司》（*Fast Company*）上发表的文章《财捷利用手机短信及经济学提高印度农民的收入》（*Intuit Taps Text Messages, Economics to Boost Farmer Incomes in India*）。

他们决定去哪里销售农产品。团队认定，短信推送系统是实现这一目标的好办法。

在财捷公司，若一个创业团队有了一个新奇的想法，首先要确定想法背后的大胆假设，并快速通过试验对其进行测试。这个案例中的假设是当地买家会提供价格，而农民也能用到这些信息。这种假设并不是显而易见的。买家为什么要公开他们的价格？定价信息真的能帮助农民吗？尽管几乎所有的农民都拥有手机，但他们说着好几种不同的语言，而且有很多人是文盲。

检验这些关键假设的试验很简单，做试验只花了几天时间。工程师们在一个小区域选择了一种农作物，并招募了十几个农民。工程师们每天亲自联系买家，询问价格信息，并通过手机短信将价格信息发送给农民。试验结果令人鼓舞。

接下来，该团队开发了一个MVP——一个只包含初始必要功能的最简系统。工程师们只花了60天就开发出了这项服务的第一个版本，并最终将其命名为Fasal。农民通过拨打免费电话注册服务，并提供所在位置、使用的语言及农作物的细节信息。在大多数情况下，买家觉得将产品价格信息发布在这一系统上很有价值。此外，团队也招募了一个收集价格信息的社交网站，将每天从市场上收集的价格信息发布在该系统上。同时，团队使用算法确定与每个农民相关的农作物的价格信息。农民能收到以他们所使用的语言发送的买家价格信息，而且每天可以收到两到三次。没有阅读能力的农民也迅速学会了一些解读相关信息所需的简单单词。在短短2周内有1500名农民在该系统上进行注册，开发团队知道系统已走上正轨。第一次试验取得了巨大的成功，这一点不仅可以通过注册服务的农民数量证明，也可以通过使用这一系统的农民增加了超过15%的收入这一事实证明。

该系统在接下来的几年里稳步增长，每次只进行一个试验。到 2012 年年底，开发团队累计进行了 20 多个重大试验，Fasal 已拥有 120 万注册农民用户，其中 90% 为活跃用户。农民用户增长速度为每周 20 000 个。为什么？因为农民发现 Fasal 能让他们的收入平均增加 20%。巴楚说："每个农民用户至少都会再给我们带来 2 个农民用户，所以你可以看到社交圈子在发挥作用[①]。"

为农民提供的这一服务是免费的，在一段时间内由财捷公司资助。卡达巴说，事实上，偶尔有高管试图终止这一项目。"但这很难。为什么？因为这一项目所需的资金很少[②]。"所以，虽然投入的资金很少，但这一内部创业团队稳步增长，并最终找到了一种盈利方式——发送有针对性的短信广告。

奥托：那个团队非常小，几个人要完成所有的事情。

作者：小团队也可以是一种巨大的优势。当整个产品团队都要为产品的成功负责时，每个人都能深入地了解客户，了解他们的生活、他们碰到的问题以及他们面临的制约因素。整个团队参与每一项试验，所以带有不同观点的成员一起构思、实现并度量试验的结果。在公司内部建立小型的、完整的团队是为大公司带来创业思维的极佳模式。

① 出自奥斯汀·卡尔的文章《财捷利用手机短信及经济学提高印度农民的收入》。
② 出自卡达巴于 2012 年 12 月 4 日在洛杉矶精益创业大会上的演讲。

从效率到分权制

创新型公司采用分权制管理。一般来说，分权制似乎并不是运营公司最有效的方式，所以，成本压力较大的公司倾向于采用集权制管理，而且会更严格地控制远程业务。但是，重要的问题是：**成本压力从何而来？** 这些压力是一直存在的还是突然出现的？有没有可能成本压力是由一些更深层的问题导致的？也许市场发生了之前并未察觉的变化？如果是这种情况，关注效率提升也许根本没有用，理解根本问题并找到创新的解决方案更有可能产生好的效果。

当一家公司开始认为创新是公司生存的关键时，就应该将关注点从效率转移到分权上。分权能培养创新，原因如下。第一，构建一个新产品或服务需要一个团队。如果一家公司在不同地方有独立的业务团队，就有了多个创新的孵化器。第二，人们普遍认为，如果创新团队遵循与核心业务部门相同的流程和指标，那么他们很可能会失败，他们应该使用更适合创业公司的流程和指标[1]。第三，紧耦合的系统很脆弱。分权制是解耦系统，更能包容在创新过程中出现的失败。

分权原则

要想促进公司创新，关键问题不是"**我们是否应该分权**"，而是"**我们应该怎样分权**"。换句话说，**公司应该依据什么原则实施分权？** 分权没有一个放之四海而皆准的原则。公司需要综合考虑其所处行业的发展态势和所处市场的状况以确定分权的最佳方式。过度分权会导致产品支离破碎、沟

---

[1] 参见《逃逸速度：摆脱过去的牵绊，解放公司的未来》(*Escape Velocity：Free Your Company's Future from the Pull of the Past*)，作者：杰弗里·摩尔（Geoffrey Moore）。

通复杂；分权不足则会导致员工看不到他们所服务的客户，这会使工作丧失意义。

皮克斯是一个采取明智的分权策略的好例子，它根据电影分权。确实，这种分权策略使皮克斯拥有 200~250 人的团队，略多于邓巴数（150 人），但这一结构使计算机图形学专家与富有创新精神的故事创作者和艺术家紧密合作，每个人都朝着一个共同的目标奋斗——打造一部杰出的电影。

分权的目的是建立专注于市场和客户需求的跨学科团队，而不是专注于公司内部竞争力的团队。有了专注于市场的团队，再加上领导力、自主权、时间和动机，这样的团队迟早会萌生新的想法，并将这些想法变成创新的产品、平台和服务。

安娜：分权与外包有何不同？

作者：通常来说，外包意味着把日常工作转移到低工资地区，但这并不意味着外包所在地拥有自主的跨学科团队。然而，事实并非总是如此。在下一节的案例中，我们可以看到，一家公司通过将业务扩展到印度和中国避免了传统开发流程的束缚，同时获得了更熟悉其目标市场的开发团队。

案例：哈曼 [①]

多年来，哈曼（Harman）一直是高端汽车导航和娱乐（信息娱乐）系

[①] 《逆向创新：在外地创新，在各地取胜》（*Reverse Innovation: Create Far from Home, Win Everywhere*）第 9 章，作者：维杰伊·戈文达拉扬（Vijay Govindarajan）和克里斯·特林布尔（Chris Trimble）。

统行业的领导者；事实上，它在 2007 年拥有高端信息娱乐系统市场 70% 的份额。显然，如果不是特别优秀，就不可能拥有 70% 的市场份额。毫无疑问，哈曼的工程师是优秀的。

然而，在当时高端市场已没有太多的发展空间，而对低价位汽车来说，哈曼系统过于昂贵。与此同时，低价位汽车市场对信息娱乐系统的需求日益增长。于是，哈曼公司打算进军低端市场，开始尝试降低系统价格，但结果却很糟糕。哈曼的开发团队擅长开发高端产品，却不知道怎么开发低端产品。

CEO 迪内希·包利华（Dinesh Paliwal）要求信息娱乐系统的首席软件架构师萨钦·拉万达（Sachin Lawande）带领团队开发一个与现有系统相比售价减半、成本降至三分之一的系统。在拉万达所在的嵌入式软件世界里，流行**用较少的资源做更多的事情**。当前的产品线很复杂，每开发一个新产品都要经历昂贵的定制过程，他对此颇感失望。作为一个构架师，他意识到新系统必须实现模块化，需要利用标准模板装配系统才能完成定制。他也知道，目前复杂的组织结构不利于构建一个简单的、模块化的系统。他必须组建一个独立的组织。

拉万达在印度班加罗尔招募了一个软件小团队，并在中国苏州组建了一个硬件小团队。同时，他又指派了几名哈曼工程师带领和指导这群新招募的工程师。这些人共同组成了拉万达的开发团队。这个团队不是依据领域（硬件、软件等）或所在地（中国、印度、德国等）组织的，而是依据模块组织而成的。例如，导航团队的成员来自不同的地方、不同的领域，但共同负责导航模块。这违背了大多数曾在职能团队工作过的哈曼工程师的主流观点。这也违背了大多数敏捷顾问的建议，他们推荐根据工作地组建团队。但是，这种新型团队发挥了预期的作用[1]。

哈曼工程部门怀疑新产品能否取得成功。但拉万达上报 CEO，表明他能够以自己的方式继续开发新产品。由于时间有限，拉万达开发的第一个低端系统产品只包含客户会一直使用的几个功能，其他功能可以日后再添加。他坚决要求使用标准芯片配置该系统，这让开发团队发现智能手机技术也能提供一些帮助，如使用便宜的 GPS 芯片。同时，他鼓励开发团队使用开源软件和现成的子系统。因此，开发团队没有开发导航系统，而是把有限的时间用来开发模块，该模块允许系统与市场中的任何导航设备集成。

只用了极短的时间，大约 1 年，一款名叫 Saras（"随机应变"的梵文）的新产品就面世了。然而，新产品并没有马上取得成功，因为大公司对这款"廉价"产品深感怀疑。公司给销售代表下达命令，要求他们必须卖力地销售这款产品，同时邀请客户拜访 Saras 在中国和印度的工程师，好让他们相信工程师的能力。最后，丰田下了一个大单，销售人员也发现大量销售这款小巧但利润丰厚的设备实际上是一桩好买卖。Saras 开始热卖，在 18 个月内，其销售额已经接近高端产品的销售额，而且利润率更高。公司的股价上涨了 4 倍。Saras 式的创新已成为公司的核心竞争力。

从产品到问题

30 年来，通用电气公司（General Electric，GE）一直推行全球本地化策略：在美国、日本及欧洲完善产品，然后将其销往世界其他地方。后来，公司 CEO 杰弗里·伊梅尔特（Jeffrey Immelt）开始意识到配电及医疗

---

[1]　哪种组织结构是"正确"的取决于当前的局势。

等关键业务的增长机会在中国和印度，因为在这些地方，对上述基础型产品的需求呈非线性增长。然而，对需求量最高的农村地区来说，GE 在配电和医疗方面的高端产品过于昂贵，即使移除某些功能也不能解决这个问题。很明显，GE 需要重新设计一些产品以满足这些低成本、高需求的市场。

然而，整个 GE 的组织结构、考核体系及企业文化都是根据现有的生产线进行优化的。如果当前这种惯例没有从根本上发生改变，GE 也许永远都不能满足这些市场中持续增长的需求，而且总有一天会有其他公司做到，并将其产品攻入本应属于 GE 的市场。GE 知道如何与传统的竞争对手抗衡，但拥有全新的高性价比产品的新型竞争对手将构成巨大的威胁。

案例：GE 的医疗业务[①]

无独有偶，在中国出现了一种有趣的组织模式，且潜力巨大。GE 在以色列的研究实验室发现了一种方法，该方法能将超声波硬件中的大部分常用功能转移到在个人计算机上运行的软件中。然而，没人对这种能力感兴趣，因为这可能会冲击一系列当时售价高达 15 万美元的产品。然后，GE 雇用了一个在超声波设备方面经验丰富的局外人——奥马尔·伊什拉克（Omar Ishrak），让他来领导 GE 的三个超声波业务领域。伊什拉克认为，低成本的超声波设备将是打入中国市场的最佳产品，他也认识到典型的 GE 组织结构不利于在当地开展工作。所以，他组建了一个独立的本土开发团队（Local Growth Team，LGT），该团队全面负责开发、制造并销售适合中国农村诊所的基于个人计算机的超声波设备。

[①] 《哈佛商业评论》2009 年 10 月第 87 卷第 10 期文章《通用公司如何颠覆自己》（*How GE Is Disrupting Itself*），作者：杰弗里·伊梅尔特、维杰伊·戈文达拉扬和克里斯·特林布尔。

到了 2002 年，该团队销售的设备价格是 3 万美元；到了 2007 年，价格已降至 1.5 万美元；在 2010 年，他们发布了价格仅有 7 900 美元的迷你超声波设备。这款新型超声波设备在中国市场的销量迅速增长，同时也被引入美国及欧洲市场，用于需要便携设备和快速诊断的地方，如急诊室、住院楼及救护车等。这款设备成了一款全新的医疗设备。如今，这款产品取得了巨大的成功。

这是颠覆性创新的经典故事，其成功可归功于 LGT 这个概念，这个概念基于 5 条关键原则：

（1）将权力分给正在增长的业务主体；

（2）从零开始开发新产品；

（3）从零开始组建 LGT，如新公司；

（4）制定本土化的目的、目标和指标；

（5）让 LGT 直接向公司高层汇报工作。

GE 印度分公司：伊梅尔特将超声波 LGT 作为一个榜样，决定将整个 GE 印度分公司组建成一个独立的事业部，直接向公司高管汇报工作。这样做并不容易，因为这违反了公司的主流观点。在 GE 的矩阵结构中，产品总是先于区域，所以将一个区域作为一个独立的事业部进行管理是一种"诅咒"。但是，伊梅尔特意识到，GE 现有的组织结构和管理机制都是围绕着支持全球本土化战略这一目的而建立的，现在这个战略必须改变了。他开始使用以区域为中心的组织结构来驱动这一变革。

由于班加罗尔已成立 GE 在美国以外的第一个跨学科研发中心，GE 印度分公司拥有了自己的产品开发能力。GE 印度分公司凭借这种能力制定本土化战略，并选择重点开发心电图（Electrocardiogram，ECG）设备，因为心脏病是印度人的头号死因。因此，他们急需一款低成本、超便携的心电图设备，让农村医护人员能为众多不能跑到城市做心电图的居民进行诊断。

与在中国发生的情况一样，印度开发的设备与 GE 其他地区开发的设备迥然不同，但具备 GE 生产的所有心电图设备的全部功能。因为它是为印度农村设计的，所以特别易于使用和维修；而且，由于印度农村地区的电力供应不稳定，它使用的电池寿命特别长。如今，只需一杯茶的价格，这款低成本 GE 设备就能在印度农村的任何环境中做一次心电图。

与中国开发的超声波设备一样，印度开发的心电图设备迅速打入了更发达国家的市场，用于注重便携性、低功耗、低成本的地方。伊梅尔特提出的在本土创造颠覆性创新的战略开始产生效果。

安娜：我记得你在第一章中提到，艾伦·穆拉利在福特公司采用的策略正好相反，他将汽车设计集中化，撤销针对单个国家的产品设计。

作者：没错。这说明不存在一个放之四海而皆准的创新策略。什么策略是"正确"的取决于行业、公司和当前的形势。关键是不能让新生机会的微弱信号湮没在运营一家成功公司时必然会发出的噪声当中。

创新清单

如果你希望你们公司长期生存，唯一的办法是建立一个适应能力、创新能力都很强的组织。在实践中，公司需要做到以下几点。

1. 让产品开发人员充分接触他们的客户

注意，指定产品经理或产品负责人时不能把开发人员与客户隔离开来，因为这是一个重大错误，它不仅会延长反馈周期，还会限制开发人员解决问题的创造力。

2. 组建跨学科团队

如果团队不具备理解和解决客户问题的所有技能，该团队就没有自治能力。

（1）营造不同学科之间的彼此尊重

跨学科团队并不能解决所有的问题。让来自不同学科的员工互相理解和尊重是一项艰巨的任务。

（2）检验公司的薪酬体系

公司的薪酬体系是否只是激励个人，并因此阻碍团队合作？是否针对不同学科实施不公平的薪酬制度，并因此阻碍来自不同学科的员工彼此尊重？

3. 颠覆自己

假设你们公司属于高科技行业，每 5 到 10 年都会出现颠覆性技术威胁公司的核心业务。在这种情况下，你们公司最好能自己创造颠覆性业务，但创造颠覆性业务的唯一途径是用更简单、更便宜的方式来解决客户的问题。

（1）敢于质疑高价

Skype 颠覆了用高价长途电话服务补贴本地电话服务的电信行业。

（2）敢于质疑发展过程中的障碍

安迪·格鲁夫希望有一个以自己的名字命名的法则。他提出的法则是："技术永远是赢家。你可以通过法律延迟技术的发展，但技术将绕过法律障碍继续前行。"

（3）敢于质疑资源分配方式

对一个提出"可以用更低价格的产品满足农村市场需求"的印度员工来说，当时 GE 分配研发资源的方式是难以理解的。这就要求公司调整组织结构，让创新在本地生根发芽。

4. 改变关注点

你的关注点会告诉别人当前的重点是什么。

（1）不再关注生产力

开始关注当前做的事情是否正确，因为这更加重要。

（2）创造一个鼓励试验的方法

试验可以占用 20% 的时间，可以成为定期活动，也可以使用内部风险投资。无论你选择何种方法，都要想办法鼓励团队进行快速试验，尽管大部分试验会失败。

（3）解耦架构

康威定律①指出，系统架构反映了公司的组织结构。如果你想对员工实行去中心化，你就要对系统架构实行去中心化。不妨想想基于服务构建的平台。

（4）设身处地地为客户着想

创新型公司比其他任何公司都更了解令客户沮丧和高兴的东西，甚至比客户自己都更了解。

---

① 1968 年，梅尔文·康威（Melvin Conway）写道："设计系统的组织……受到了限制，只能产出与其组织内部沟通结构相符的设计。"详见《精益软件开发管理之道》一书。

（5）阐明高层次的目的

员工不会为了增加股东利益而全身心投入。

5. 为创新打造支撑体系

团队不会自动知道如何去创新，他们需要培训、辅导和指引，还需要时间。他们还需要了解公司希望他们做什么事，这一点是最重要的。

6. 活在未来[①]

创建未来可能出现的情景，并想象一下如何应对。

（1）想象业务在某个方面发生了 5 倍的改变

想象一下，一款产品的成本、耗能或尺寸只有目前最畅销的产品的 1/5。这种产品适合哪种市场？你们公司能把它卖给哪些其他客户？

（2）想象 15 年后的技术前景

回顾 15 年前的技术状况，然后想象一下 15 年后发生的变化。那时会是什么样子？公司将处于什么地位？

（3）想象公司 20 年后的工作环境

想象一下，当如今的青少年成为你们公司的核心员工，并负责公司的大部分管理工作时，你们公司的工作环境将会是何种情形？

---

① 《哈佛商业评论》2013 年 5 月刊文章《活在未来：情景规划如何改变公司战略》（*Living in the Futures：How Scenario Planning Changed Corporate Strategy*），作者：安杰拉·威尔金森（Angela Wilkinson）和罗兰·库帕斯（Roland Kupers）。

待思考的问题

1. 想象你们公司来了一位新的 CEO，他做的第一件事会是什么？

2. 想象有人要求你们用现有的技术重新为现有市场设计核心产品，这款产品会是什么样的？

3. 想象你们最好的外包合作伙伴开始为其所在地设计产品，而不再依据合同为你们公司服务，他们会设计什么产品？

4. 想象 5 年后，你们的核心产品不再受欢迎或赢利，原因会是什么？（以前的）客户是如何使用你们的产品来完成手上的工作的？

5. 比较你们公司使用的指标以及风投公司用于创业公司的指标，它们有何不同？

6. 你们公司是否有现成的策略用来对抗确认偏误（通过搜寻或解释信息来证明已有观点的倾向）？这些策略是什么？效果如何？

7. 在一个产品团队中，哪些职位"地位高"？哪些职位"地位低"？这两个不同领域的员工之间的互动情况如何？

8. 在你们公司的文化中，从事具有创造性的冒险事业却最终失败的员工是否会背负污名？在你们社会的文化中，会不会出现这种情况？

9. 在你们公司，生产力有何含义？如何衡量？与公司整体绩效有何关联？

10. 在你们公司，可预测性有何含义？是否重要？为什么？

后 记

自完成本书以来，我们已经去过很多国家：澳大利亚、中国、英国、爱沙尼亚、德国、印度、爱尔兰、日本、拉脱维亚、新西兰、挪威、瑞典、越南以及我们的家乡美国。在每一个地方，我们都发现，敏捷开发在软件领域的运用已经非常广泛。总体而言，效果很不错，软件的质量更高，交付给客户的速度也比以前更快。

但还存在一个问题。敏捷方法往往无法交付有显著改善的业务成果，这让很多客户都很失望。很多敏捷开发团队的成员们也同样失望。敏捷实践通常不被认为是具有吸引力和挑战性的，按优先级排序的故事列表确实很难鼓舞人心。

遍访世界期间，我们多次听到这种说法：**我们已经实施了敏捷，这是方向正确的一步，但还不够**。（我们被反复地问）**下一步该干什么？**

下一步是不要再把软件开发视为一个交付过程，而是要开始把它视为一个解决问题的过程、一个创造的过程。我们一次次地落入软件交付组织的俗套，IT 部门以成本中心模式开展运营，软件企业基于合同开展运营，它们的工作就是把某些人的需求转化成软件并交付出去。敏捷实践帮助这些组织以更小的批量处理需求、降低在制品数量并加速软件交付。然而，不幸的是，敏捷实践并没有解决根本问题：软件交付组织这个概念本身就是有缺陷的。

软件交付组织的概念已经根深蒂固地融入了很多公司的组织结构之中，想要质疑它们的存在几乎是不可能的。但是，仍然有很多公司，尤其是那些在 20 世纪 90 年代后建立的公司，就没有把创建软件交付组织当成首要的事情。这些公司视数字化基础设施为日用品进行采购，把软件密集型产品的开发视为一种直线职责。它们并不认为软件是待交付之物，它们把它视为形成产品的众多原材料之一。正因如此，对它们来说，没有软件交付团队，只有产品开发团队。

产品开发团队和软件交付团队有什么区别？最重要的区别是，产品开发团队成员全身心地投入工作会更容易。他们不是要去实现列表上的需求，他们被期望能创造性地思考、解决问题，并基于盈利能力、市场份额和长期业务影响等因素做出权衡决策。产品团队的使命感、所面临的挑战及当地决策机制能激发他们的最佳表现。

产品团队是以其产出的业务成果来评判的，而非成本、进度和范围等二手指标。因此，产品团队包含了从问题到解决方案的端到端反馈循环涉及的所有人。有了恰当的章程和合理的人员配备，产品团队就能发现并解决隐患问题，迅速地调整方向，抓住意外之机并加以利用。因此，产品团队往往更善于创造更卓越的业绩。

交付团队的运行则受制于一个重大阻碍。他们受雇实现某人的解决方案，却不在乎团队成员们是否理解待解决的问题。他们要交付这些解决方案，却既不对由此带来的业绩改善效果承担责任，也不因业绩改善而受到表彰。即使敏捷实践加快了交付，反馈循环仍很冗长，而且受交接所困。结果，对交付团队来说，寻求使命、产生热情或激发创新就成了一个挑战。

　　既然如此，这些团队业绩平平也就没什么好奇怪的了。

　　既然弊端显而易见，那么为何软件交付组织这种形式却仍然普遍存在呢？从历史来看，数字化科技已经超出了大多数公司创始人和业务线领导层的能力范围，因此单独创建一个组织来管理这种"神秘科技"的做法就显得合情合理了。然而，当今世上，几乎所有领导人都是在数字化科技的浸淫中成长起来的，而且大多数产品依赖于软件，还这样隔离就意义不大了。

　　隔离软件开发与企业的其他业务的原因之二是"企业级标准技术方案的总体效率会更好"这一假设。这种看法放在过去几十年或许还说得过去，然而，随着企业基础架构的商品化及基于解耦服务构建架构时代的来临，这个理由已经不再成立。

　　设立独立的交付组织的第三个原因是亚当·斯密分工理论对西方文化的强大影响力。我们习惯性地认为完成工作最有效的方式就是把工作分解为不同的模块，再把每一个模块分配给不同的专家。当然，为了效率还要求每一位专家都保持忙碌状态，这样才不会浪费宝贵的时间。

　　当工作可以被分解为工作量可预测的清晰的分段时，把工作分配给专家并让他们一直干活，看起来是理所当然的谋求效率之路。但是，开发就是要发现能够解决重要问题的有效方案并予以验证，这本来就不应该被认为是可预测的，而应该是探索性、创造性和响应反馈式的。卓越的产品开发是专家之间持续双向沟通的成果。在此环境下，通往效率之路不再是保持专家忙碌的**资源效率**。对开发新创意这件事来说，通往真正效率之路是保持**流动效率**，即尽可能少延迟地把创意从想法变为现金（或垃圾）。

　　最容易实现高流动效率的组织结构垂直于那种为提高资源效率而优化的组织结构。围绕专家构建部门（如软件开发部门）的做法已不再奏效，围绕流经整个组织的单元来构建部门的做法日益流行起来。高流动效率的医院是围绕病人的不同护理阶段来组织的。高流动效率的工厂是围绕客户订单的不同生产阶段来组织的。高流动效率的开发团队则是围绕产品创意从萌生到商业化的过程来组织的。

在孕育软件交付组织的年代，专注于资源效率才是常识。但是，那种常识已经过时了。基于资源效率型思维所创建的效率之岛，今时今日已经变成低效之岛。市场变化的步伐需要我们转向流动效率，现代化数字科技则提供了必要的支持。过去，专家们被湖水隔离成一个个岛屿，再通过文档之船沟通，现在是时候排干湖水了，是时候创建新地平线了，而软件只是这个一体性综合景观的一面。

过去数十年来，我们已经花了很多时间让开发软件的人变得更轻松。我们推行小批量、稳定流动和内建质量等精益原则。过去数年来，我们已经亲眼目睹潮水退去，软件开发之岛逐渐变成大陆的一部分。我们通过观察发现，那些最棒、最聪明的软件专家们已经学会直接与客户对话，跟其他学科的人员通力合作，寻求新方法来解决问题。

我们已经写了三本关于软件开发的书，却没办法写第四本，因为软件开发之岛已经大面积地消失了。在它们原本的位置，我们发现了一片新大陆，那里的基础架构是：一种商品，多学科团队被期待能提出正确的问题，解决正确的难题并交付客户喜爱的解决方案。诚然，那些解决方案通常都是软件密集型的。事实上，今时今日一切都是软件密集型的了，因此，还把软件限制在它们的孤岛上也不再有任何意义了。

这是一本关于如何在新大陆上生存的书，这是一片没有岛屿的土地、一片有点缺乏专家的土地、一片充满无限可能性的土地。

版权声明